U0810428

变革的力量

A FORCE FOR CHANGE

[美]
约翰·P.科特
(John P. Kotter)—著

王雯潇—译

中信出版集团 | 北京

图书在版编目（CIP）数据

变革的力量 /（美）约翰 · P. 科特著；王雯潇译
. -- 北京：中信出版社，2019.6
书名原文：A Force for Change
ISBN 978-7-5217-0671-0

Ⅰ. ①变… Ⅱ. ①约… ②王… Ⅲ. ①企业领导学
Ⅳ. ①F272.91

中国版本图书馆CIP数据核字（2019）第103217号

A Force for Change: How Leadership Differs from Management by John P. Kotter
Original English Language edition Copyright © 1990 by John P. Kotter
Simplified Chinese Translation copyright © 2019 by CITIC PRESS CORPORATION
All Rights Reserved.
Published by arrangement with the original publisher, Free Press, a Division of Simon & Schuster, Inc.

本书仅限中国大陆地区发行销售

变革的力量

著　　者：[美] 约翰 · P. 科特
译　　者：王雯潇
出版发行：中信出版集团股份有限公司
（北京市朝阳区惠新东街甲4号富盛大厦2座　邮编　100029）
承 印 者：北京诚信伟业印刷有限公司

开　　本：880mm × 1230mm　1/32　　印　　张：7　　字　　数：138千字
版　　次：2019年6月第1版　　印　　次：2019年6月第1次印刷
京权图字：01-2009-2016　　广告经营许可证：京朝工商广字第8087号
书　　号：ISBN 978-7-5217-0671-0
定　　价：68.00元

版权所有 · 侵权必究
如有印刷、装订问题，本公司负责调换。
服务热线：400-600-8099
投稿邮箱：author@citicpub.com

目　录

1

领导与管理

管理的计划和预算过程会关注从数月到数年不等的时间跨度，强调细节，重视风险消除以及手段的合理性；而领导的定向过程通常会关注更长的时间跨度，强调全局，重视风险计算以及人的价值观。管理范畴下的组织和人事注重专业化，并且强调遵循和服从；而领导范畴下的联盟则注重整合，使一群人团结一致向正确的方向前进，并且强调责任担当。管理范畴下的控制和问题解决通常侧重于约束、控制和预见性；而领导范畴下的激励和鼓舞侧重于授权、扩张，并不时制造惊喜来振奋人心。

变革给各种不同群体带来了实在的利益。员工获得了更多升职机会，工作做得好并从中赢得更多自尊；客户获得了更符合实际需求的一系列产品；供应商增加了额外的业务；公司净收益剧增，令人头疼的麻烦事大大减少；甚至母公司的股东们也从子公司的盈利中获得了更好的股票价格。

2
领导力过程的本质

大范围地搜集关于经营活动或者行业的信息，尤其是从客户处搜集。向传统想法提出挑战，并分析得出能够回答经营活动或者行业中基本问题的方案，再根据对问题的理解得出多种方案并进行验证，甚至可以试用其中一些选项，最后选定一个好的方向（同时具备需求和可行性）。确定方向是一个不断变化的动态过程，没有真正意义上的终止。

大量沟通、单一信息多次重复、关注所有相关个体和群体，这是领导力的一个重要、也是经常被忽视的方面。联盟通过至少在两方面授来帮助解决无力感的问题。第一，当一个清晰的发展方向传达到整个企业的时候，职级较低的员工就可以采取行动而不会轻易受到诸多责难；只要他们的行为和愿景一致，上级就不可能对他们横加指责。第二，因为大家目标一致，个人提议之间的冲突导致计划搁置的可能性将减少。

满足人们的基本需求，包括成就感、归属感、自尊心，以及让员工觉得自己获得认可，能掌握自己的命运并实现自己的理想。采用的方式有：（1）通过强调传达对象在实现愿景中过程中的核心价值，反复而明确地阐述愿景；（2）让员工参与到关于如何实现愿景或是部分愿景的决策；（3）通过指导、反馈、树立行为榜样和大量的热情来支持员工工作；（4）公开真诚地认可并奖赏员工取得的所有成功。

3
领导力结构

大获成功的日本公司通常会让一个能力非凡的人担任总裁，但公司大部分领导工作不是由个人主导的，而是依靠中层群体的群策群力。数以千计的员工发挥了一定的领导作用，但每个个体所起的作用很有限，完全不能和欧美模式下的领导力相媲美。然而，正是这些微领导力汇集成的一个整体，帮助这些公司成功渡过石油危机、日元对美元危机、保护性贸易立法等重重难关，而上述危机无疑会摧毁许多美国和欧洲的大企业。

密集的非正式网络中，人们彼此信任，有很多有效的沟通渠道，谁扮演何种角色以及角色之间的冲突，生成了一个不断包容和适应的过程。通过这些渠道形成的愿景将是相互关联、彼此兼容，而非相互疏离、彼此对抗的。

4

领导力的形成

归纳起来，这四个特征（智商、内驱力、心理健康和正直）以及其他相似的措辞表明了对重要职位领导的最低要求。其中一个特征更为突出并不意味着某个领导者具备更强的领导力，而是这四个特征都达到一定程度的要求。尽管这些主要特质看起来平凡无奇，却很少有人能够四者兼备。

人们在成年后的确会发生变化，特别是处理复杂任务和情况的能力会有很大提升。大体来说，个别具体事件即使对人有影响也不会太大，但一二十年累积的经历则会对人产生极为显著的影响，特别是对领导力的培养。

企业文化的重要性至少表现在以下三个不同方面。第一，它会影响高管们是否寻找并培养有领导潜力的人才；第二，它决定了公司是否鼓励具备条件的员工发挥领导力；第三，它甚至有助于确定一家公司是否具备非正式网络，以协调多重领导措施，产生凝聚力。

推荐序1　时代精神与自我驱动

陈春花

北京大学王宽诚讲席教授，北京大学国家发展研究院BiMBA商学院院长

科特是一位重要的管理思想家，他区分了“领导”和“管理”的概念，强调领导者的基本职能在于倡导改革之风。他也研究了企业文化与业绩的关系，揭示出具有灵活适应性的企业文化能显著促进长期经营业绩。他还持续关注领导力的发展，不仅明确提出了新商业环境下领导力要素的内涵，还基于变化的视角，探讨了领导者变革的力量来源及行动指导。在今天来看，科特提出的观点仍然令人印象深刻，发人深省。这套丛书（《新规则》《领导力要素》《变革的力量》《企业文化与绩效》）会从不同的视角给读者带来收获。我重新阅读这4本书的时候，较之早期阅读又有了全新的收获。

一、领导者需要洞察时代特点

科特展开这些研究的阶段，全球化正处于萌芽发展之中。科

特敏锐地察觉到全球化给商业模式带来的巨大变革，分析了MBA（工商管理硕士）毕业生的职业发展历程，总结出了他们的职业生涯成功的关键要素。

科特提出，方兴未艾的全球化使得充满活力和适应性的中小企业蓬勃发展，这些中小企业不仅远远抛下了传统大型企业，而且影响了富有进取心的管理者们的职业发展。

以《新规则》书中列出的研究数据为例。1974年，这一届哈佛商学院MBA毕业生中的36%去了大型或超大型组织就职。到1983年，还留在大型或超大型组织的人仅占31%。到1991年，则只剩下23%。另一方面，同一个时期，在小型或超小型企业就职的哈佛商学院MBA毕业生从28%上升到43%，最后达到62%，其中很多是创业型企业。

科特认为，全球化既提供了大量的机会，也带来了巨大的风险。在这个时代，要成为一个职业上的成功者，一条重要的准则就是：不要依靠惯性,因为旧的模式、道路和经验在新的环境下是无效的。

当下，21世纪也已过去将近20年，时代特征又迎来了巨变。曾经所向披靡的全球化，正在引起全球性的反思，甚至出现了一些极端化的应激反应。怎样才能更有效地让资源在全球范围共享和分配？怎样才能形成一个互补共赢的全球化共同体，而不是国家与资本的盘剥与霸凌？这是全球化进程中的休整吗？商业模式会有怎样的调整？中国商业的未来会怎样？这些都是留待我们去观察和领悟的课题。

二、变革是大型企业的必选之路

科特对大企业和官僚主义素无好感，而他的研究中，MBA学生们用他们的职业生涯支持了科特的观点。美国运通公司（American Express）、大西洋里奇菲尔德公司（ARCO）、康尼格拉公司（ConAgra）、数字设备公司（Digital Equipment Corporation）、肯德基公司（KFC）、伊士曼柯达公司（Eastman Kodak）、玫琳凯化妆品公司（Mary Kay Cosmetics）、NCR公司、百事可乐公司（Pepsi-Cola）、宝洁公司（P&G）、赛仕软件公司（SAS）等大量公司的案例也支持了科特的观点。

科特认为，在变化的时代里，中小企业能够更加迅速地做出反应并逐步取得更大的成功。速度和灵活性在竞争日益加剧的世界中将会获胜。因此，他奉劝职场人士要摆脱官僚化的大企业，走向小企业。大企业在应对变化迅速的市场时容易陷入官僚化，而在中小企业的发展中做出贡献的员工往往会获得更高的满意度和收入。当然，如果我们的商业氛围和舆论能够转变传统的对宏大和稳定的崇拜，更加关注和欣赏中小企业和创业企业，人们可能会更容易接受和适应时代的变化。

那么，对于大型企业，变革的方向和目标在哪里呢？毫无疑问，大型企业必须设法转变成一个灵活与具有适应性的组织，既有小企业快捷的运营效率，又保留大企业的资源优势。方向就是减少管理层级、官僚主义、内向关注和办公室政治，路径就是企业改组、削减成本、流程再造，当然，最根本也最难的是企业文化的改变。

三、领导者需要保持自我驱动力

科特从研究中得到的启示是，成功的企业家都具有强烈的竞争驱动力和领导力，他们独立、勤奋、自主、敢于冒险、喜欢控制感，他们更向往权力、被认可、威信和成长，并且很少向往安逸。

那些害怕竞争的人、想要安全感的人、渴望稳定的人，最终往往像岩石在水里一样，不断下沉。无论是现在还是将来，高标准和对成功的渴望都是必不可少的。

管理是用于应对复杂性的，因为现代管理程序在很大程度上产生于20世纪大型组织的发展，领导力则是相对于变革而言的。当今剧烈变动的外部环境使变革日益成为维系企业生存、增强企业竞争力的必要条件。有更多的变革，就会要求更强有力的领导，这也意味着领导者必须保有自我驱动的力量，以应对复杂多变的环境。

四、管理研究总是伴随着鲜活的管理实践

科特的研究总是从真实的管理实践和商业环境出发，去寻找其中的核心变量及规律性，从而得出能够再回归到管理现实的答案。就如他在《新规则》一书中所写的那样，他花了20年的时间跟踪研究115名1974届的哈佛商学院MBA毕业生的工作情况，最后写了这本书。这种依赖于真实的观察所呈现出的研究方式，非常值得我们学习。《领导力要素》一书中的领导力观点和支撑数据源自科特于20世纪70年代所完成的大量实地调研以及为撰写

本书而专门开展的 4 个研究项目。《变革的力量》是一项管理行为研究的成果，该研究始于科特的一篇博士论文，内容是关于大都市市长的管理方式的，这项研究始于 1986 年 8 月，到 1989 年年底结束。《企业文化与绩效》一书以生动的案例证实了企业文化的存在及其力量，以实证的方法证实了企业文化与业绩的相关性，并详细阐述了 3 种类型的企业文化，充分说明了进行企业文化改革的必要性，还提出了许多有效的措施。该书堪称一部深刻理解企业文化与企业业绩关系的经典教科书。

在我最初决定展开组织与文化研究时，约翰 · 科特的《企业文化与绩效》给了我很大的启发和帮助。我借用科特的企业文化力量指数对广东省多个高新技术企业展开了深入的探讨，这让我有机会更有效地理解企业文化所具有的独特功效。也因此，科特的其他著作就列入了我的必读书目，这也是我很愿意推荐这套丛书的原因。

2019 年 3 月 12 日 · 朗润园

推荐序 2　面对变革时代，如何才能获得成功

郑毓煌

清华大学经济管理学院博士生导师

春节之前，收到中信出版集团的邮件，邀请我为领导变革之父、哈佛商学院终身教授约翰·科特的《新规则》《领导力要素》《变革的力量》《企业文化与绩效》系列丛书写序，我欣然答应了，原因只有一个：我希望这套优秀作品能够惠泽更多中国人，特别是中国的企业家、创业者和职场人士。

在今天的中国，社会对商业知识和智慧的需求正在急剧扩大，迫切需要我们在浩瀚书海之中甄别真正优秀的商业著作，以汲取营养。然而，令人遗憾的是，真正优秀的商业著作太少了，市面上充斥的畅销著作大都是“鸡血”或“鸡汤”，缺乏严谨的理论体系和实证研究支持。

与市面上的那些所谓畅销著作不同，这套作品均出自科特教授严谨的实证研究，这也再一次印证了哈佛商学院的地位。哈

佛商学院无疑是全球最著名的商学院，而它百年来的极高知名度正是源于学院中的优秀的商业思想领袖，包括竞争战略之父迈克尔·波特（Michael Porter）、颠覆式创新之父克里斯坦森（Christensen）、领导变革之父科特等。

那么，科特教授的这一系列丛书到底有哪些值得学习的地方？在《新规则》这本书里，科特教授在近20年的时间里观察了115名哈佛商学院MBA毕业生的职业路径，并从他们的人生经历中总结出我们应该如何在快速变化的全球化竞争市场中拥抱变化并找到适合个人发展的新规则。他的研究有很多反常规的发现。例如“小公司，大机会”—在同一届哈佛商学院MBA毕业生中，那些选择小创业公司的毕业生，最后其收入往往高于那些选择大公司的毕业生。

在今天的中国，科特教授的这些发现也具有重要的启示意义。例如，很多年轻人往往面临体制内工作（政府、国企、事业单位等）和体制外工作（民营企业、外资企业等）的两难选择。又如，即使都是体制外的工作，年轻人也往往面临去大公司还是去中小企业的两难选择。家长们往往都反对他们选择非传统的职业路径。然而，科特教授的这些发现告诉我们，传统的职业路径或许并非最佳选择。

面对今天的时代变革，每一个职场人都应该更加勇敢地去拥抱非传统的职业路径。很多年轻人往往抱怨自己出生的年代太晚以至于错过很多机会，却不知其实每一个时代都有大量机会，关键在于你是否能勇敢地做出选择。

在《领导力要素》这本著作中，科特教授指出，由于商业环境发生了重大变化，领导力在今天的变革时代被赋予了新的意义，其重要性显著提升。领导力不再是首席执行官（CEO）或极少数高层管理者的绝对领域，而是拓展为几乎所有管理者都应该具备的一种重要能力。在《变革的力量》一书中，科特教授进一步阐释了领导与管理的不同，并提出领导和管理都是非常重要的，那种认为领导"好"而管理"坏"的观点是明显错误的；同时他也阐述了企业家应该如何打造自己在领导和管理两个维度上的能力的问题。最后，在《企业文化与绩效》一书中，科特教授以实证的方法证实了企业文化与业绩的相关性，并详细阐述了不同类型的企业文化，以及如何打造企业文化。可以说，这 3 本书是企业家和创业者们打造领导力和企业文化不可多得的参考书！

很多中国企业家在阅读国外商学院教授的著作时，难免有这样的疑虑：这些结论在中国也适用吗？事实上，思想无国界，管理和人性往往都是相通的。作为清华大学博导、营创学院院长，我在过去的十几年里也接触了大量中国企业家和企业高管。我发现，他们的成功有其共同的规律。那么，成功的共同规律是什么呢？接下来我就和大家分享我在营创EMBA（高级管理人员工商管理硕士）开学典礼上曾经分享的 6 个要点。

第一，眼界和视野。所谓"读万卷书，行万里路"，眼界和视野特别重要，而且很多事情不是从书本上能学到的。2019 年 1

月，我邀请哥伦比亚大学商学院著名教授席娜·艾扬格（Sheena Iyengar）为营创EMBA授课。企业家学员们见到她的第一眼就被震撼了,因为没有人想到，她居然是一位盲人。然而，虽然她眼睛看不见，但她不仅成了哥伦比亚大学商学院教授，而且还被《金融时报》（*Financial Times*）评为和竞争战略之父迈克尔·波特等齐名的全球50大管理思想家之一。很多企业家在听完这次课程之后都说："艾扬格教授眼睛看不见都能取得那样大的成就，我现在面临的一点儿困难又算什么？"是的，多接触伟大的人，你才能激励自己去变得更伟大。

第二，胆识和勇气。光有眼界和视野还不够，还要有胆量。王健林来清华大学演讲时说过："什么清华北大，不如胆子大。"这句话其实很有道理。2017年11月，我在清华大学主持了清华学生创业协会20周年的纪念活动。参会的十余位校友的公司市值合起来超过3 000亿元，包括美团、中文在线、百合网、清科集团等。以美团为例，大家看到了王兴的成功，但是大家可能想不到，王兴是在美国读博士时辍学回国创业的。而百合网的联合创始人慕岩也是在美国读博士时辍学回国创业的。所以要成功，一定要有胆识和勇气。

第三，能力和智慧。有了眼界和视野，也有了胆识和勇气，成功还需要能力和智慧。没有人生下来或大学毕业之后就知道怎么进行企业管理，所以企业家和创业者都需要终身学习，以习得能力和智慧。学习的方式包括读书、面对面学习等多种形式，其中读书更多是用以开拓思维和学习知识，而要提高能力则更需要面对面地学习，甚至最好有老师手把手地指导，再加上自己的实战演练。只学不练的话，很难真正提高能力。

第四，连接和资源。有句话是这样说的："你是谁不重要，重要的是你和谁在一起。"其实，不论在国内还是国外，人脉和圈子都非常重要。不论是哈佛商学院还是清华大学，最吸引人的除了优秀的教授，还有校友之间的连接和资源。在今天的互联网和社交媒体时代，线下连接更加显得珍贵和不可替代。在学校里形成的师生关系和同学关系是最自然、最真诚的关系，企业家们要多投入时间进行线下连接。真正的友谊和合作从来不是线上加个微信就能拥有的。

第五，努力和坚持。努力和坚持是成功的必要条件。在创业路上，每个人都会遇到困难，谁也不可能一帆风顺。遇到困难时，如果坚持，就有可能克服困难并获得成功；而如果放弃，则只能承认失败。再以清华校友、美团创始人王兴的成功为例，王兴也是经历了校内网、饭否网等多次创业失败，才有了今天美团的成功。

第六，理想和使命。努力和坚持很累，很多时候你会坚持不下去。那么，是什么让企业家和创业者坚持下去的呢？伟大的理想和使命。我从 2017 年创办营创学院以来，也面临过很多困难。很多人不相信我可以打造一所"人人都上得起的哈佛商学院"。然而，正是"教育改变命运，我们改变教育"这一理想和"打造一所人人都上得起的哈佛商学院”这一使命，才让我一直坚持下来。今天，营创线下EMBA已有超过1500位企业家学员，并且在北京和深圳都实现了本地开班，真正做到了“用1%的学费，上拥有全球顶级商学院师资的线下EMBA课程”。同时，通过和中信出版集团的合作，我们推出了“用1‰的学费，上拥有全球顶级商学院师资的线上EMBA课程”项目并获得了成千上万职场人士的欢迎。此外，由营创读书会和中信出版集团一起推出的“与原创作者一起读书”的公益项目，已有近百位大咖作者分享原创著作的音视频，向全国人民公益开放。

今天，中信出版集团即将出版的哈佛商学院科特教授的这一系列丛书无疑是商业知识和智慧中的明珠。这4本书在哈佛商学院MBA学生中备受欢迎。我相信，这一系列丛书会带给成千上万读者优秀的商业知识和智慧，更会进一步将看起来遥不可及的顶级商学院教育带给成千上万的读者。而这，正是中信出版集团、营创学院和我本人共同努力的目标。

2019年3月5日

前　言

本书是一项针对管理行为的研究成果，该研究始于笔者的一篇关于大都市市长管理方式的博士论文[1]。而相关研究分别侧重以下几个方面：塑造管理者行为方式的环境因素[2]，高管的职业生涯[3]，管理工作的组织架构[4]，权力以及影响[5]，成功总裁[6]的个人经历和行为方式，企业在管理层级[7]内为培养领导力所做的集体努力。

这项研究始于1986年8月，目的是回答我在上本书中悬而未决的问题，即领导力的本质以及领导和管理之间的关系。其中最根本的问题是：领导真的不同于管理吗？如果答案是肯定的，那么到底应该如何区分这两者？为了解决上述问题，我们分两个阶段搜集资料，并采用了一系列常规研究方法，即以采访为主，由调查问卷和档案资料来辅助支持，观察法次之。

在第一阶段的研究中，我们先是在 1986 年夏天设计了总体调查方案，然后在当年 10 月和次年 6 月之间实施调查。我们的调查对象是近 200 名高层管理人员。他们的背景各不相同，来自 12 家不同行业的成功企业。他们中有的人填写了长达 10 页的调查问卷，有的人接受了详细的采访。但无论是问卷调查还是采访，我们都向调查对象系统地提出了各种问题，如领导和管理本身，他们所知道的在领导或管理或两方面都表现卓越的人的情况，他们的管理层伙伴在应对领导和管理方面挑战时的表现，在未来 5~10 年，他们的企业要赢得持续繁荣所需要的管理方法。

第二阶段的研究从 1987 年 6 月开始，到 1988 年 10 月完成。在此期间，我们从各种环境中找出了大量事例，被实地观察者们誉为“高效商业领导宝鉴”[8]。在一些企业的协助下，我们对每个事例都进行了详细的研究。这些企业包括：美国运通公司（American Express）、大西洋里奇菲尔德公司（ARCO）、康尼格拉公司（ConAgra）、数字设备公司（Digital Equipment Corporation）、肯德基公司（Kentucky Fried Chicken）、伊士曼柯达公司（Eastman Kodak）、玫琳凯化妆品公司（Mary Kay Cosmetics）、（美国）全国现金出纳机公司（NCR）、百事可乐公司（Pepsi-Cola）、宝洁公司（Proctor & Gamble）和赛仕软件公司（SAS）。每一个案例研究都同时兼顾了事实和观点。换句话说，我们不仅注重具体发生了什么、是什么时间发生的，也注重这些事实所传达的“有效领导力”的观点。此外，我们进行了相当广泛的资料搜集，包括 1 000 多页的文件、137 次访谈以及对调查对象和其所处环境的长约 40 个小时的系统性观察（详见附录）。

从 1988 年下半年开始到 1989 年年底，我们对从上述两个阶段的研究获得的信息进行了分析。在此期间，我的研究助理詹姆斯·利希（James Leahey）给予了我超乎寻常的帮助。这项研究的分析部分致力于回答第一阶段提出的两个问题：第一，您认为您所认识的人中谁在企业管理方面表现卓越？请尽可能详细具体地描述其“高效管理”的表现；第二，您认为您所认识的人中谁具备卓越的领导力？请尽可能详细具体地描述其“高效领导”的表现。就这些问题，我们获得了约 200 份答卷，并提炼出这些冗长回答的主题。随后，我们又对其余问卷资料做了进一步的分析。我们通过第二阶段的案例来验证并精炼第一阶段的研究成果，最终我们完成了这份手稿。

所有这些工作使我意识到，在复杂的机构中，领导力是一个日益重要却又令人困惑的话题。这一点可以通过探究领导与管理之间的关系来进一步阐明。由于现代人对管理的理解要远胜于对领导的理解，而管理与领导本质上又迥然不同，因此通过这两者的比较将有助于厘清领导的职能、领导力的形成过程、构成以及起源。

在本书第 1 章中，我们将比较一下领导和管理之间的关系，并提出本书的总论点：

第一，领导和管理都非常重要，认为领导“好”而管理“坏”

的观点明显是错误的。

第二，尽管领导和管理之间的差异可能产生冲突，但如果处理得当，两个过程可以并行不悖、相得益彰，进一步说，一些人可以同时成为卓越的领导者和管理者。

第三，在种种原因下，当今许多企业缺乏充分的领导。这种缺陷将使企业蒙受的损失越来越大，而这些缺陷往往都是可以弥补的。

在第 2 章中，我们将介绍一个关于自动柜员机（ATM）的商业案例。这个案例可谓有效领导在商业运用中的经典范例，它清晰地揭示了领导的核心职能是创造顺应环境且行之有效的变革。此案例除了印证第 1 章提出的许多观点之外，还引发了我们对一系列问题的思索，而这些思索将贯穿本书接下来的部分。

领导力的第一个核心要素是定向，但人们经常把它和计划或者规划弄混。在第 3 章中，我将论证计划是管理的过程；定向则属于领导力范畴，是一个产生愿景和战略的过程。计划不同于定向，更不会代替定向。定向产生的愿景是可以确定的。美国运通公司和赛仕软件公司的案例，会告诉大家在实践中愿景是什么样子以及它是怎样被确定的。

领导力的第二个核心要素是联盟。这个过程是让员工理解并接受领导者提出的愿景，团结一致朝着既定方向努力奋斗。在第 4 章中，我将提出联盟是一项复杂的交流挑战，与组织管理过程中的设计问题大相径庭。NCR 公司、美国运通公司、赛仕软件公司以及柯达复印机产品的案例，将会展示“有效领导”是如何解决这些沟通难题的。

在努力推进复杂组织变革的过程中，总会遭遇来自政治、官僚和资源等方面的诸多障碍。要克服这些障碍往往需要大费周章，只有精力异常充沛的人才能做到。因此，激励作为领导力的一个核心要素显得尤为重要。在第 5 章中，我们将透过基本的人性找出激励人们行动的动因，并通过玫琳凯、肯德基等公司的一系列案例来阐明领导是如何发挥激励作用的。

很多人容易把领导结构（角色和关系）想得极其简单，认为领导这一角色就是定向、促成联盟并激励员工努力工作的。在第 6 章中，我要向大家证明在实践中这一切更为复杂。对任何一个人来说，无论他多么才智过人，要想在一个复杂机构的绝大多数问题上发挥领导作用，都是一件十分耗时费力的难事。大西洋里奇菲尔德公司和数字设备公司的案例将向我们展示领导的一系列角色。

处于不同领导位置的人，提议往往不尽相同，如果不能统一意见的话，那么这些提议就会产生冲突。传统的管理协调机制（如等级、计划和分工）就会失效，这是因为变革需要大量非常规的协同。在第 7 章中，我们将通过宝洁公司的案例来论证多层次人际关系网络是如何满足这一需求的。同时，宝洁公司的案例也有助于我们更好地理解前六章所讨论的内容。

一个人卓越的领导力很可能受早年经历的影响。作为全书最具猜想性的一章，第 8 章将探究领导力的起源。这一章使用的研究资料比较少，更多源于我之前写的两本书：《总经理》（*The General Managers*）和《领导力要素》（*The Leadership Factor*）。

成年后的经历显然也会影响一个人的领导力。在第 9 章中，我们将找出这些影响领导力的主要因素，并详细地描述一个商业领袖典型的职业生涯。这一章将展示职场经历是如何抑制领导潜能发展的，以及摩根担保公司（Morgan Guaranty）和惠普公司（Hewlett-Packard）等公司是如何避免这些问题发生的。

一个组织的准则和价值观能够在各个方面强有力地影响领导力，可能是增强，也可能是削弱。第 10 章的猜想性或许仅次于第 8 章，在这一章中我们将讨论康尼格拉公司的情况。该公司的执行总裁打造了一种企业文化，有助于同时在公司基层和高层中形成强力领导和高效管理的局面。据此，我得出结论：在一个组织里，终极的领导行为是打造一种重视领导的文化，即使创始人离开，这种文化也将延续下去。

本书中出现的大部分材料都可以在后记中找到。读者朋友若想开始便了解本书的结论，也可以先阅读后记。

本书选用的所有案例均展现了“有效领导力”。我们不仅选取了成功的案例，也选了失败的案例，因为后者同样具有教育意义。实际上，在该研究的分析阶段，我曾援引之前写的书中的失败案例来进行分析。成书时不谈这些失败案例，仅仅是因为我认为我们耳闻目睹的失败案例远远多于成功案例。

本书的初稿得到了很多人的批评指正，他们对本书的问世提供了莫大的帮助。他们是：杰里·阿巴伯内尔（Jerry Abarbanel）、克里斯·阿吉里斯（Chris Argyris）、戴尔·贝内特（Dale Bennett）、简·布莱克斯利（Jan Blakslee）、理查德·博亚特兹（Richard Boyatzis）、南希·迪尔曼（Nancy Dearman）、鲍勃·埃克尔斯（Bob Eccles）、拉斯·艾森施塔特（Russ Eisenstat）、艾伦·弗罗曼（Alan Frohman）、雷·戈德堡（Ray Goldberg）、理查德·哈克曼（Richard Hackman）、吉姆·赫斯克特（Jim Heskett）、朱莉·约翰逊（Julie Johnson）、鲍勃·兰布里克斯（Bob Lambrix）、迈克·隆巴多（Mike Lombardo）、杰伊·洛尔施（Jay Lorsch）、摩根·麦考尔（Morgen McCall）、汤姆·米森（Tom Mithen）、查理·牛顿（Charlie Newton）、芭芭拉·赖斯（Barbara Rice）、维贾伊·萨瑟（Vijay Sathe）、莱恩·施莱辛格（Len Schlesinger）、罗伯特·斯蒂德（Robert Steed）、沃伦·威廉（Warren Wilhelm）和道格·耶格尔（Doug Yaeger）。在搜集资料的过程中，我得到了更多人的帮助，在接下来的章节里我会一一提到他们的名字，我谨在此一并表示诚挚的谢意。

1

领导与管理

第 1 章

管理与领导的差异

领导一词在日常语境中有两个不同含义。有时指的是引领思想、带领大众行动的过程，比如我们会说，弗雷德在领导某某项目。有时指的是在正式岗位上的一群人，这些人被寄予期望，发挥前一种含义中的作用。采用这层含义时，我们可能会说，这家公司有 10 个领导，包括乔治、艾丽斯等人。

本书中出现的领导几乎无一例外地采用了第一种含义。这是因为第二种含义在很大程度上混淆了领导这一话题，它微妙地暗示了每个身居领导之位的人都在行领导之事、尽领导之责。[1]这显然有悖于实际情况。事实上，领导者中有的领导有方，有的领导不力，有的压根儿不会领导。由于当今大多数身居领导之位的人被称为经理，所以领导的第二种含义还暗示了领导和管理是一回事，或者至少说两者是密切相关的。然而实际上并非如此。

领导力这一话题由来已久，而我们所说的管理主要是近一个世纪以来的产物[2]，是伴随着 20 世纪大量复杂机构的出现而出现的。[3]现代管理的产生，在某种程度上是为了帮助新成立的铁路公司、新兴钢铁厂和新建汽车公司完成当初那些具有传奇色彩的创业家赋予它们的使命。现代管理的缺失会让这些复杂机构陷入一片混乱的局面，并最终威胁到机构的生存，而良好的管理则能在产品质量和收益等核心层面为机构带来稳定的秩序和表现。

近一个世纪以来，成千上万的管理者、咨询师和管理教育家们发展并提炼了构成现代管理核心的过程。这些过程简单总结如下[4]：

> 第一，计划和预算。设定目标，比如说未来一个月或者一年的目标；明确达到这些目标的具体步骤，包括日程安排和指导方针；然后合理分配资源以完成目标。
>
> 第二，组织和人事。建立组织架构并设置一系列适应目标需求的岗位，在每个岗位上配置合适的人选；通过积极沟通使员工理解目标；通过充分授权来推进计划实施；通过系统督查以确保实施质量。
>
> 第三，掌控和解决问题。通过报告、会议等形式正式或非正式地详细监控实施情况，及时与计划比对，找出偏差之处，即通常所说的问题，然后调整计划，解决出现的问题。

这些过程为企业带来了一定程度上的连贯性和秩序。然而令人遗憾的是，正如我们在近半个世纪中所习惯的那样，这些过程在各方面创建的秩序就如执行备忘录上过时的铅字尺寸①一样毫无意义，但这绝非是先驱们创立现代管理制度的初衷。尽管面对规模庞大、技术先进且地域分散的复杂情况，但他们仍力图在顾客、股东、雇员和其他组织赞助团体寄予希望的关键领域创造稳定的业绩。他们创立现代管理制度是为了使复杂的组织在时间和预算上不产生偏差，这一点一直是现代管理制度的基本职能[5]。

领导则大不相同。就像这个词的字面意思那样，它并不产生连贯性和秩序，而是会带来变化。纵观古今，领袖人物创造了变革[6]，有时越变越好，有时则不然。[7]他们为此采取了各种方式，尽管他们的行为模式似乎均可以归结为：设定一群人前进的方向，然后引领大家团结一致朝着这个方向前进，使团队愿意为这项行动献身，并且激励他们克服前进道路上遭遇的不可避免的障碍。

何谓好领导？几个世纪以来这一直是人们争论不休的话题。大体上如果领导行为能切实地改善领袖本人及其追随者的处境，并且不损害他人的权益[8]，我们就称之为“好的”“卓越的”领导，这种观念暗示的领导职能便是创造建设性或适应性的变革。

要实现此项职能，复杂机构中的领导行为要经历三个分阶段，相关细节将会在之后的章节中详述，现简要总结如下[9]：

第一，定向：确定未来的愿景，并为实现这一愿景制定变革战略。

---

① 铅字印刷在20世纪80年代被淘汰。随着印刷技术的发展，字体的尺寸不再受到铅字字模的限制，很大程度上可以自由缩放。——译者注

第二，联盟：对潜在合作对象阐明企业的目标，在他们充分理解认同企业愿景并愿意投身这项事业的基础上形成联盟。

第三，激励：通过诉诸人类非常基本但常未得到满足的需求、价值和情感，使团队战胜变革过程中在政治、官僚和资源方面遇到的重大障碍，沿着正确的方向前行。

表 1–1 对比了复杂组织中的管理和领导的异同。[10]

管理和领导虽然定义不同，但显然有一些相似之处。比如管理者和领导者都会根据需要做出决策，两者都会构建能完成特定项目的人际网络，并努力保证这些人能做好工作。从这种意义上说，两者都是完整的行为体系，而不会互相成为彼此行为体系中的一个简单部分。那些认为管理只是领导执行过程的人，忽略了领导有自己的一套执行流程（即联盟和激励）。同样，那些认为领导只是管理执行过程（激励过程）的人，忽略了领导的定向过程。

反过来说，尽管管理和领导有一些相似之处，但两者之间存在极为明显的差异。管理的计划和预算过程会关注从数月到数年不等的时间跨度，强调细节，重视风险消除以及手段的合理性；相比之下，正如接下来的章节将会涉及的，领导的定向过程通常会关注更长的时间跨度，强调全局，重视风险计算以及人的价值观。同样，管理范畴下的组织和人事注重专业化，挑选或培训对的人做对的事，并且强调遵循和服从；而领导范畴下的联盟则注重整合，使一群人团结起来向正确的方向前进，并且强调责任担当。管理范畴下的控制和问题解决通常侧重于约束、控制和预见性；而领导范畴下的激励和鼓舞侧重于授权、扩张，并不时制造惊喜来振奋人心。

表 1-1 管理和领导之比较

	管理	领导
制定议程	计划和预算。即建立实现预期结果的详细步骤和时间表，并按需要分配资源。	定向。即确定未来愿景，并为实现此愿景制定变革战略。
发展能完成特定项目的人际网络	组织和人事。根据计划建立组织架构，配备合适人员，赋予他们执行计划所需的职责和权威，制定政策和守则引导员工，并创建能够监督执行情况的方法或体系。	联盟。即通过言行向潜在合作对象阐明愿景，争取其合作，乃至形成规模和影响力，创建一个由理解并相信领导者提出的愿景和战略的追随者组成的团队或联盟。
执行计划	掌控和解决问题。从细节上监督计划的实际执行情况，找出和预期结果偏差的地方，通过调整计划并重新组织来解决出现的问题。	激励和鼓舞。通过诉诸人类常未得到满足的最基本的需求，激励人们克服变革过程中遭遇的政治、官僚和资源方面的重大障碍。
完成结果	创造出一定程度的预见性和秩序，并具有能持续满足各利益相关方期望的潜力。（比如，对顾客而言意味着准时，对股东而言意味着不超出预算。）	创造变革，通常是剧烈变革，并形成非常积极有效的变革潜力。（例如，生产出顾客需要的新产品，或是建立足以增强企业竞争力的新型劳资关系。）

但更为根本的是，领导和管理的主要职能不同。前者可以开创有用的变革，而后者可以创造有序的结果，从而使事情高效运转。这并不意味着管理与变革毫无关联，相反，管理与有效的领

导相结合能催生出更为有序的变革；同时，这也并不意味着领导和秩序毫不相干，相反，领导与有效管理相结合能开创必要的变革，使混乱的局面得到控制。但领导自身绝不会使公司年复一年地按时间和预算运作；而管理本身也绝不会创造出重大有效的变革。

总之，领导与管理在职能和形式上的差别会引发潜在的冲突。比如说，强领导会打破有序的计划体系并削弱管理层级，而强管理会打消领导所需的风险意识和满腔热忱。多年以来，这类冲突屡见不鲜，通常发生在代表两套不同进程的个体之间，即“纯粹的管理者”和“纯粹的领导者”之间的交锋。[11]

即使有冲突的可能，但通过分析表 1-1 的总结，可以得出唯一符合逻辑的结论：企业若要繁荣兴盛，这两者缺一不可。为了获得成功，企业不仅要持续地对顾客、股东、雇员和其他相关人员履行现有的承诺，还必须确定并适应这些重要对象因时而变的需求。为此，它们不仅必须用一种富有竞争性、系统性和理性的方式来应对计划、预算、组织、人事、掌控和解决问题等事务，以达到预期的结果；还必须明确一个合适的未来发展方向，必要时不断对其加以修正，联合员工朝此方向一致前进，并且激励员工开创有利的变革，即使要付出沉痛代价。

事实上，只有强管理和强领导相结合，才能避免产生令人极其不满的结果。当两者都弱或不存在时，企业就如一艘无舵之船，并且船体还有破洞。但是二者取其一并不一定能在较大程度上改善状况。没有与强领导结合的强管理会发展出官僚主义，令人窒息，是为了有序而有序；没有与强管理相结合的强领导会使领导者以救世主自居，形成狂热崇拜之风，为了变革而变革，甚至变革是朝着极端疯狂的方向发展。后者在政治运动中比在企业经营中更为常见，有时也见于小型初创企业[12]。而前者则多见于今天的企业，特别是成熟的大型企业。

管理过度而领导不足，将导致下列情况：（1）强调短期时间架构，注重细节和风险规避，而相对缺乏长远规划、大局意识和敢冒风险的战略；（2）过分注重专业化，专人专岗，服从规定，缺乏联动、整合和责任担当；（3）过分侧重于约束、控制和预见性，而对扩张、授权和灵感有所忽视。总之，可以合理推测出存在此类问题的公司可能相当刻板且缺少创新精神，因此无力应对市场竞争和技术环境中出现的重大变化。在这种状况下，可以预见这些公司的经营状况将随时间的推移逐步恶化，即便是拥有强势市场地位的大公司也难逃此劫，只是恶化速度相对缓慢罢了。由于缺乏创新产品以及创新带来的低廉价格，顾客得到的服务势必大打折扣。随着企业业绩下滑，投资者和雇员都会感受到资金紧缩，投资者获利甚少，乃至只能取回本金；雇员也因此被迫做出更多牺牲，直至最终失业。

这样的情况对大家来说并不陌生。自20世纪70年代以来，数百家公司都有过相似的经历。没有人能衡量这一切所带来的整体影响，但是在美国，管理过度而领导不足的问题已经对下列情况起到了推波助澜的作用：1973—1987 年实际工资趋平；排除通胀因素后，1988 年年底的股价较 1969 年有所下跌；更多的消费者转向购买新颖价廉的外国货，给本国造成了严重的贸易逆差。而一些证据表明，在当时，这一问题还远未得到解决。

1988 年，美国 12 家成功公司的高级经理受邀对各自公司管理层在领导和管理两个维度的表现进行评定[13]，评定范围为从“弱”到“强”，他们的回答被归为 4 类：领导能力弱而管理能力强的人、领导能力强而管理能力弱的人、两方面能力均较强的人和两方面能力都不行的人。当被问及所在公司拥有的这些特定人才组合是否能满足公司未来 5~10 年实现繁荣兴盛的需求时，他们的回答分三类：我们基本拥有我们所需要的人才；我们太缺少这类人才；我们拥有太多这样的员工。表 1–2 总结了他们的回答。

半数参与调查的高级经理，尤其是投资银行和咨询公司这种专业服务公司的经理表示，有太多人并未显现出管理或领导的能力。另外半数的受访者反映，正如预料的那样，他们认为哪怕是大体胜任的人实际上少之又少。

近半数的受访者表示，领导能力强而管理能力弱的人非常稀缺，但做此回答的受访者都注意到，这种人只要与管理能力强的人紧密合作，就会大放异彩。剩下的多数受访者认为，这类人的数量大致足够，能够满足未来需求。不过有时候“数量合适”指的是“少之又少”，做此回答的受访者对领导能力强但管理能力弱的管理层持悲观消极的态度，认为这类人制造的麻烦会多于他们解决的问题。

表 1-2　12 家成功美国公司的总经理对其管理层的评定

		管理	
		强	弱
领导	弱	半数经理认为此类人“太多”	近 2/3 的经理认为此类人“太多”
	强	近半数经理认为此类人“太少”	几乎所有经理认为此类人“太少”

注：受访者有三个选项：（1）太多；（2）太少；（3）大致合适。表格中反映的是选择人数最多的选项。

约 2/3 的受访者表示，他们公司拥有很多管理能力强而领导能力弱的人，有些人甚至认为这样的人“太多”。另外 1/3 的受访者则回答这样的人“太少”或者“大致合适”，回答“太少”的人多在专业服务公司工作。

超过 95% 的受访者认为，领导能力和管理能力都强的人少之又少，但每个受访者都承认确有这类人：他们不是两方面都出类拔萃的超人，而是一方面还不错、另一方面更为出众的凡人。受访者的感觉是，在未来 10 年中，他们会非常需要更多这样的人才，为公司蓬勃发展贡献力量。

这项调查之所以有趣并不在于其自身证明了什么，而是其结果和其他各种证据相一致，以后的章节将会谈及其中的一些证据。总体上，这些数据直观表明了大多数公司缺乏足够的领导，而很多公司是“管理过度”且“领导不足”。

几年前一次更大范围内的调查为领导问题的存在提供了一些洞见。[14] 对那次调查问卷作答的 1 000 名经理中，近 80% 的受访者觉得自己所属公司在招聘、发展、留用和激励具有领导潜力的员工方面工作做得不够（见表 1–3）。这一批经理还提及其公司在这方面不成功的原因是大量不恰当的做法（见表 1–4）。比如，82% 的受访者称“他们公司的职业前景规划”不足以满足公司的用人需求，即吸引、留用并激励足够数量的人才来应对领导力挑战。77% 的受访者表示“可获得的职场发展机会”和“对极具潜力者提供的职位公开信息”同样存在不足。有高达 93% 的受访者指出“经理培养具有领导潜力的下属所获的奖励”不足，难以鼓励他们发现极具潜力的人才，并了解满足这些人才发展的需要。87% 的受访者认为“基于发展进行的跨部门横向调动的机会和职位”不够；79% 的受访者认为“指导、示范和培训”不足；75% 的受访者表示“将企业发展状况反馈给下属的方式”有所欠缺；69% 的受访者称“基于发展而让极具潜力者承担更多责任的方式”欠妥；66% 的受访者对“官方继任者评估”表示不满；65% 的受访者认为“公司参与外界管理培训项目”做得不够；60% 的受访者抱怨“员工接触高层管理者的机会”太少。[15]

表 1-3 吸引、发展、留用并激励极具潜力的员工：
对 1 000 名经理的问卷调查结果

1. 你的公司在招聘和聘用足够多的具有潜力、将来能在重要管理职位上发挥领导作用的员工方面做得如何？
非常好、不错 27% 差劲、很一般 30%
2. 你的公司为极具潜力的员工提供的职场发展机会如何？
非常好、不错 19% 差劲、很一般 42%
3. 你的公司在留用和激励极具潜力的员工方面做得如何？
非常好、不错 20% 差劲、很一般 43%

同样引人深思的是受访者没有说出来的话。受访经理并没有将他们公司内部领导不足的原因归结为本身具有领导潜力的人不多。相反，他们责备自己，认为自己未帮助公司发现、留用、发展或激励具有领导潜力的人。有些受访者大方承认公司使具有领导潜力的人望而却步，有些受访者认为公司录用了这些具有领导潜力且才华出众的年轻人，却系统地将这些人变成了谨小慎微的管理者。这种极具讽刺的结论如果出自并无选举权的中下层管理者之口，倒不会太令人惊讶，然而此项调查的对象并不是中下层管理者，而是高级经理。

表 1–4　影响公司领导力的措施是否适当：来自调查问卷的结果

问卷包含 46 个问题，询问了受访者的公司采取的措施是否得当，以吸引、发展、留用并激励足够多具有领导力的人才。受访者总体回答如下：
1. 绝大多数（80%）的措施十分得当[①] 做此回答的人数所占百分比 =0.2
2. 绝大多数（80%）的措施还算得当[②] 做此回答的人数所占百分比 =3.3
3. 只有稍过半数（51%）的措施还算得当 做此回答的人数所占百分比 =23.7

注 1：在总分 4 分的评分档中选第 1 档

注 2：在总分 4 分的评分档中选第 1 或第 2 档

也许有诸多理由可以解释为何这么多公司没有采取必要措施去吸引、留用、发展和激励足够多具有领导潜力的人，但实际上最根本的原因其实很简单：以前大多数公司并不需要应对领导不足的挑战。

现代商业组织是 19 世纪才出现的事物，主要由实力强劲的创业型领袖[16]创立起来，如安德鲁 · 卡内基（Andrew Carnegie）、皮埃尔 · 杜邦（Pierre Du Pont）和爱德华 · 法林（Edward Filene）等。商业组织逐渐发展并变得更为复杂，就出现了所谓的管理，这是为了使企业能够按时、按预算运作。特别是“二战”之后，由于这些企业中的佼佼者变得规模更大、地理位置更分散、技术更复杂，就需要更多的人来进行管理。

为了适应这一需要，一个庞大的教育体系应运而生，召开管理方面的研讨会，设立管理学学士学位和工商管理学硕士学位。[17]“二战”后有利的经济环境使美国企业保持了良好的稳定性，直到20 世纪 70 年代，大多数公司并不需要太多领导。但之后风云突变，全球商界在历经了 25~30 年相对平缓的发展期后，竞争加剧，市场变幻莫测，公司举步维艰，在美国商界这一状况尤其。这一转变可归结为一系列原因，包括技术革新加速、国际竞争加剧、市场管制放松、资本密集型企业生产力过剩、石油联合企业卡特尔（Cartel）不稳定、高风险债券冲击、劳动力结构变化等。最终结果是，重复做昨天的事或是比过去业绩上升 5%，都已经不再是成功的范式。要在新环境中谋求生存并与对手高效竞争，实施重大变革势在必行，而更多的变革就需要更多的领导，因此企业一时很难调整固有运作方式以适应新形势。

这种转变的例子几乎随处可见。以霍尼韦尔公司（Honeywell）的一个中小型工厂为例，1970 年，这家有 20 年历史的工厂雇用了 100 人生产制造业所需的控制系统。尽管公司生产了近 24 种产品，但其中一种产品的产量占了总产量的一半。这种产品因其在市场上的独创性而受好几项专利保护。尽管这家工厂的产品远销50 多个国家，但最大的销量仍在美国本土，销量占总销量的 70%。在美国本土，这家工厂的主要产品系列在行业中的市场占有率是34%，而第二号竞争对手的市场占有率大约是 24%。

表 1-5 变革和复杂性的关系以及一家公司所需的领导和管理的比重

公司运营中所需的变革量（由环境不稳定性和快速增长等引发）	公司运营的复杂性（由规模、技术、地理位置分散、产品和服务的数量等引发）		
		低	高
	低	很少的管理和领导（以前的大多数企业）	大量的管理和较少的领导（成功企业）
	高	大量的领导和较少的管理（创业公司）	大量的领导和管理（大多数商业组织和其他组织）

仔细查看 1970 年时的工厂经理职责不难发现：其首要职责是达到每月、每季度和每年的生产、成本和其他一系列量化指标。这些指标由老板们商议之后确定，并且在很大程度上是基于历史数据设定的目标。为了完成这些指标，经理会将一年的工作时间大致按以下比例分配：

- 5%~10%——和下属一起制订月度、季度和年度计划。
- 20%~30%——和下属一起建立便于实施计划的团队，并能依次进行招聘、解雇、业绩考核和指导等方面的工作。
- 40%~50%——召开诸如每日生产例会、每周预算评审会之类的会议，以尽快发现与计划的偏差并加以解决。
- 20%~25%——其他活动，如会见一位重要客户助力销售，或是决定是否投入使用新技术。

换言之，工厂经理的很大一部分时间（75%~80%）都在管理工厂，尤其注重对管理的掌控。

如果 1970 年考察过该厂的访客在 15 年后再度造访该厂，他将会发现一个截然不同的工厂。1985 年，这家工厂有更多的工程师和技术人员，工头和中层管理者的人数减少。虽然雇员人数与 15 年前差不多保持一致，产量却较 1970 年翻了一番。工厂的产品加速更新迭代，1980—1985 年这 5 年内引进的产品几乎占总量的 35%，而在 1970 年这一比重为 15%；产品本身的技术更加复杂，技术革新的速度也比 15 年前更快；产品远销更多国家，国外销量增大。全球同行业市场占有率约 14%，在美国的市场占有率是 29%，它的头号竞争对手是一家日本公司，其产品的市场占有率近 22%。

在这种环境下，1985 年的经理职责要求与 1970 年相比有一些共同点，但在更多方面还是有所差别。1985 年的经理仍须完成每月、每季度、每年的量化指标，仍要制订计划，维护组织运营，努力使工厂的运营不偏离轨道。但由于市场情况的变化，指标也复杂多变，因此完成指标的过程也变得更加复杂。更重要的是，除了以上职责外，经理的工作开始出现一个费时费力且至关重要的全新方面。

1985 年，上级下达命令要求经理赶上日本的竞争对手，将特定的质量指标提高 100%，而不是 1%、5% 或 10%；帮助生产部门的同事评估将部分生产转移到国外的各种方案；寻求将全新技术纳入生产核心部分的方法；将引进新产品所需的时间缩短 50%；

将库存减少1/3以上。要依次达到上述全部要求，就需要经理和员工付出更多的时间、精力和创造力，并甘愿牺牲、承担风险。这就向经理提出了巨大的挑战：要变着法子让员工全身心投入工作，尽责地帮助处理重大的成本、质量和技术问题；这些都会带来变革，且远比1970年的多，反过来就和长期在更为稳定的环境中形成的公司官僚主义产生冲突，由此带来的种种不确定性还威胁到了一些既得利益者。

1985年的工厂经理为了达到这些要求，将他的时间做了下列分配：

- 30%~50%——和15年前的上一任做法一样，负责制订计划、组织和控制，但少了一些独断专行，多了一些委托授权（即管理）。
- 50%~60%——（1）尝试确定一个在质量、成本、库存、技术和新产品引进方面清晰的变革方向；（2）将确定的变革方向传达给全体员工，使员工深信变革的必要性；（3）激励员工克服变革过程中遇到的官僚主义、职场政治和资源不足等障碍（即领导）。
- 0%~10%——参与其他活动。

以任何标准来衡量，都可以说1985年时的经理，其工作比1970年经理的工作要困难很多，主要是因为公司所处的商业环境更加艰难。1985 年时的经理不仅必须通过计划、预算、组织、人事和控制等方式来管理工厂，还必须在一些关键的商业问题上做出考虑充分的决策，当然在这些方面他并非仅凭一己之力，集体的智慧不可或缺。

1970 年处于一个有利且变化相对缓慢的商业环境中，因此首席执行官和几位高层领导就足以应对。而 1985 年处于更加艰难且日新月异的商业环境中，因此工厂所有人都需要在公司方方面面的事务上做出贡献，比如制定实施新方案、筹措资金、构建新型信息管理系统和建立新型劳资关系等。这一切需要技能和策略，而这些技能和策略对于生活在竞争没那么激烈、商业环境相对良好的时代的大多数人来说，并不需要具备。这些技能不只是技术和管理能力这么简单，因此只有一部分人具备这些新技能，但很多人并没有。

这个虚拟案例很有趣，因为其中反映的环境变化十分常见，在其他行业，其他国家都能发现同样的变化（见表 1–6）。

用一个简单的比喻可能更好地总结这一观点。和平时期，军队只要各级之间做好行政和管理工作，加上顶层的良好统帅就能生存；但若是战争时期，则需要军队各级都有出色的领导者，具备卓越的领导力。然而，大多数人并没有参透有效组织人们投入商业战斗的真谛。从 1946 年到 20 世纪 70 年代，世界经济基本上处于“和平”状态，然而这一切早已一去不复返，如今只有极少数的企业拥有能为他们赢得经济战争所需的领导力。

表 1-6　对 42 个国家 31 个行业的中层行政主管的民意调查结果

1. 就你最熟悉的行业而言，1988 年的商业环境与 1963 年有何不同？				
1 没有不同	2	3	4 所有回答取 平均数 = 4.4	5 极为不同
2. 如果你最熟悉的行业目前的商业环境与 25 年前截然不同，请列举不同之处。 近 90% 的回答提及： · 竞争更为激烈 · 技术变革更多 · 变化更快				

注：1988 年 9 月对 135 名受访者进行调查的结果。

有很多原因可以解释为什么很多公司、甚至是一些行业佼佼者都难以适应新的商业环境。最明显的原因在于任务的艰巨。所有证据都表明，发现并培养具有领导潜力的人才比发现并培养具有管理潜力的人才要困难得多。[18]

专家们对此几乎无能为力，尽管有几位在 20 世纪 60 年代中后期就预见到了商业环境的变化[19]，但从他们那里获得的建议充其量只是一种模糊的观念，即将来需要不一样的管理。这些专家强调的是长期计划、矩阵结构、激励机制以及其他东西。但正如大家将会在本书后面章节了解到的，这些建议并未奏效。只要想一想管理和领导的真实差异，就能预料到为什么这些建议未奏效。

自 20 世纪 80 年代初开始，一些人通过强调领导来应对这一切变化，他们明确指出，应对这些重大变化需要的不是管理而是

“其他东西”，但他们对于“其他东西”的表述通常是模糊的。更糟的是，其中大多数人相信这种“其他东西”（即领导）可以代替管理。因此，他们提出的对策不仅是错误的，而且相当危险。

事实上，强领导和弱管理的组合并不比弱领导和强管理的组合要好，甚至会更糟。因为，在这种情形下会出现：（1）强调长期愿景而忽视短期计划和预算；（2）产生一种缺乏专业、体系和规则的强大的群体文化；（3）导致那些不愿意运用控制系统和解决问题原则的人集结在一起，最终使局面失控，甚至一发不可收拾。许多小型创业公司以惨痛的方式从中习得教训：在上述情形下，企业无法信守关键的时间期限、坚守预算并恪守诺言，最终将威胁自身的生存。

这种情形下最极端危险的例子莫过于吉姆·琼斯（Jim Jones）之流[①]。在这些例子中，当一群人正经受巨大痛苦的时候，一个充满魅力的领袖出现了。这个人并非好的管理者，事实上他也不喜欢好的管理者，因为好的管理者太过理性且控制欲强。然而这位魅力领袖设定的愿景有缺陷，并不能为整个团队和外界的支持者创造真正的价值。但由于缺乏和领导一样有力的理性管理过程，所以有缺陷的愿景并未被公开讨论过，也未遭受质疑。领袖的个人魅力营造出的虚假使命感和强烈动机迫使信徒朝着愿景方向努力。最终，整场运动变成悲剧，信众践踏旁人并自取灭亡。

① 吉姆·琼斯是美国邪教“人民圣殿教”的教主，于1978年11月18日策划该教900多名教徒在南美洲圭亚那琼斯镇集体自杀，震惊世界。——译者注

寻求、推崇并将统治权拱手让于这类具有个人魅力的非管理者，绝不是应对领导危机的方案，但要找出抵御这种魅惑而危险情形的对策，就需要对领导在复杂组织中的真实含义、形象以及来源有一个更为清晰的认识。领导本身极具复杂性，对其进行严密实证也存在重重困难，因此要形成清晰的认知便成为一项无比艰巨的任务。本书就是紧紧围绕这一任务展开的，将领导和人们更为熟知的管理过程进行比较分析，帮助人们更好地理解领导这一概念。

第 2 章

领导力的商业运用：NCR 案例

有效的领导一旦与有力的管理相结合，将带来非凡的商业成功。关于这一点，（美国）全国现金出纳机公司（NCR，下文皆以此英文缩写指代）在苏格兰邓迪的工厂可谓经典案例[1]。

邓迪在爱丁堡以北约 45 英里①，坐落在泰河河畔，是一座拥有 16 万人口的古城，其历史可以追溯到罗马帝国时期。在一个多世纪的时间里，邓迪一直是英国最重要的捕鲸港，后来因其生产的黄麻、由本地水果制成的优质果酱以及作为汤普森（Thompson）家族出版帝国总部所在地而闻名于世。

1946 年，NCR 在离邓迪城中心约 5 英里的地方建了一家制造工厂，占地 27 万平方英尺②，并从伦敦的办事处招聘了 30 名员工。自 1884 年约翰 · 佩特森（John Patterson）在美国俄亥俄州的代顿（Dayton）创立 NCR 以来，绝大多数 NCR 工厂都是采用劳动密集

---

① 1 英里≈1.609 千米。——编者注

② 1 英尺≈0.305 米。——编者注

型的生产方式来生产现金出纳机、加法机和机械会计计算设备等产品，邓迪工厂也不例外。美国负责设计，产品经邓迪工厂生产后销往不断扩大的欧洲市场，特别是英国市场。

NCR在“二战”后良好的经济形势下日趋繁荣，邓迪工厂也飞速发展。1950—1970年，企业收入增长近100倍，达到142 057.6万美元。1969年，NCR在邓迪的附属工厂达到9家之多。在此期间，公司引进了第一台计算机——国家304电子数据处理系统。

到20世纪70年代，新兴的技术、经济和竞争的环境在NCR和邓迪引起了剧变。随着科技的进步，产品和生产过程迅速发生质的变化；机械和简单的电子器械被淘汰，取而代之的是复杂的电子机械和晶体管产品。与此同时，技术革新带来了大量实力强劲的新竞争者，对NCR在传统市场上的地位形成挑战，加之世界范围内经济增速放缓，使得NCR整体处在危机边缘。面对如此不利局面，1972年上任的NCR总裁威廉·安德森（William S. Anderson）和1976年接任的小查尔斯·埃克斯利（Charles E. Exley, Jr.）的领导下，公司建立了一条新计算机产品生产线，关闭了过时的劳动密集型工厂，将雇员人数由10万裁减到6万，堪称NCR历史上最为痛苦、煎熬的时期。

邓迪的境遇更是有过之而无不及。雇员人数由巅峰时期的6 500人骤减到1 000人，员工士气随之骤降，最终导致产品质量下滑、产量缩减。1979年，工会组织的工人罢工长达近6周。

1977年年底，NCR总部管理层在稳定雇员人数、提振员工士气、维持邓迪工厂的运转以及把握市场机遇方面做出努力，决心放手让邓迪工厂经营自动柜员机业务。自动柜员机在当时属于迎合市场风向的新兴产品，邓迪工厂负责设计的改良版第二代自动柜员机，取代了英国各大主要银行使用的几千台第一代自动柜员机，这在邓迪工厂 30 年的发展历史中实属破天荒的第一遭。

自动柜员机业务由美国一家小型初创公司多科特尔（Docutel）首创。1970 年，多科特尔公司生产的第一代简单现金分配机问世。5 年后，迪堡公司（Diebold）以一种激进的方式大量出售性能更可靠的系列产品，从多科特尔手中夺走了市场，成为金融机构的供应商。到了 20 世纪 70 年代末，迪堡在美国市场仍是首屈一指；而在英国市场，独占鳌头的是一家名为查布（Chubb）的证券公司。但是在世界范围内，市场占有率最大的厂商是 IBM。

在代顿设计的第一代 NCR 产品 770 机的基础上，邓迪的工厂推出了第二代产品 1780 机，目的是取代巴克莱银行和其他英国银行拥有的查布的产品，因而 1780 机的型号大小和查布的产品保持一致，以适应同样的墙面。新款机器于 1979 年进入市场，巴克莱银行订购了几百台。一时间，邓迪工厂的发展前景变得一片光明。然而第一批交付的 1780 机在实际运行中开始出现故障，不久就频繁出现系统瘫痪。

实际上，这批自动柜员机在产品设计和生产上都存在问题。巴克莱银行意识到问题的严重性，决定在已有的机器得到修复之前，拒绝引进更多的 NCR 产品。为了向 NCR 表明该立场，巴克莱银行向行业领头羊IBM订购了200台自动柜员机。NCR的其他客户听闻巴克莱银行的这一举动后，也纷纷开始拒绝订购1780机。当这些消息传到俄亥俄州的代顿总部时，主张永久关停邓迪工厂的呼声日益高涨。

1980年4月，正值局势每况愈下，吉姆·亚当森（Jim Adamson）入主邓迪。

亚当森是苏格兰人，身材短小精悍，天性积极乐观，看起来很年轻。他于1941年5月25日出生在昆斯费里（Queensferry），并在这里长大。昆斯费里是爱丁堡北部的一个小镇，离邓迪不远。亚当森曾在皇家海军服役，后来就读于爱丁堡的赫瑞—瓦特大学（Heriot-Watt University）。1963—1973年，他在霍尼韦尔国际公司的计算机部门工作。1973—1979年，他在国际电话电报公司（ITT）任职，在很多部门工作过，其中包括在格拉斯哥附近经营一家电话交换设备工厂。

NCR和亚当森首次接触是在1979年春。当时一家猎头公司认为亚当森的档案记录无懈可击：曾在苏格兰工作，熟悉苏格兰商会，懂电子技术且在计算机行业工作过。在一次跨大西洋通话中，NCR行政副总裁比尔·巴斯特（Bill Buster）告诉亚当森他们正在为邓迪的“问题工厂”物色一名总经理。亚当森听后表示并不感兴趣。6个月后，巴斯特手下的人事经理给亚当森打电话，请他出席巴斯特本人参加的在伦敦举行的午宴。亚当森接受了邀请，但也仅此而已。再后来，NCR的行政总裁达雷尔·克拉克（Darrell

Clark）亲自打电话邀请亚当森到邓迪工厂参观，再到代顿总部与董事长威廉·安德森会面，这一次，亚当森终于上钩了。

天性乐观的亚当森在参观邓迪工厂时发现了一座极具潜力的“金矿”。之后在俄亥俄州，他饶有兴致地听安德森谈论“商业化”概念：将NCR的组织架构高度职能化，通过让工厂同时负责产品设计、生产和赢利，来更好地满足市场需求。尽管亚当森此前曾管理过技术部门和生产部门，却未曾二者兼顾，也未曾承担赢利工作。在和NCR的行政高层进行更深入的沟通之后，他决定接手这份工作。

1980 年 4 月 1 日，亚当森开始到邓迪工厂工作。他很快发现工人愤世嫉俗，对管理层缺乏信任，只是设法找点事做，不至于使自己失业。此外，他还发现管理层压根儿不觉得工厂的问题是他们的过错，例如，他们竟然认为工厂产品的质量和成本富有竞争力。与此同时，工厂在自动柜员机业务上遭遇重大危机，客户拒绝收货，生产线被迫停产，库存越来越多，厂房里堆满了进口部件。

解决自动柜员机问题迫在眉睫。亚当森当机立断停止买进 1780 机的生产材料，并派产品开发工程师到客户公司找出故障的确切原因。这一系列措施很快被亚当森称为“康复计划”。为了落实这一计划，他会在早上 7 点亲自主持例会，比工厂经理们习惯的上班时间早了足足两个小时。

刚加入公司的几个月，亚当森的大部分时间都是在旅途中度过的。他与巴克莱银行的工作人员交谈，检查性能欠佳的机器。每次出差归来，他都会列出长长的行动清单，然后在第二天早上7点的例会上讨论。

与此同时，他几乎每天与代顿总部通话汇报正在发生的情况，每周提交书面报告。在邓迪，他每天抽时间走访工厂各大车间，认识员工，提出问题，倾听意见，并将他了解到的具体问题加进第二天早上7点例会的议程里。

经过长时间工作后，亚当森和管理团队很快设计出一套抢修故障机器的行动方案并着手实施，其中包括重新设计产品。他们还制订了计划，以期最终恢复新款1780机的生产。

终于，在7月3日，亚当森到达邓迪的三个月后，巴克莱银行认为NCR在抢修自动柜员机故障方面取得了十足的进展，同意购买新款1780机。自此，邓迪工厂恢复生产，不久后，英国国民威斯敏斯特银行和米德兰银行也同意购买新款1780机。

三个多月来，亚当森几乎将全部时间都投入到解决1780机的危机上：使机器正常运转，生产出更优质的产品，借此在客户心目中重新树立信誉。为了实现这一目标，他开始热切地向邓迪工厂的更多人，甚至是那些不受他直接管理的人求助。他的请求直截了当："我们遇到了实实在在的危机，解决起来很不容易，但这不是无法解决的。我深知这一点，因为我曾帮助其他工厂扭转过糟糕局面。我需要你们的帮助，要么和我一起好好干，要么滚。"

他还鼓励各个级别的员工就发生的情况多沟通彼此真实的想

法，无论是喜是忧。他每月召集 62 名经理召开例会，督促他们与手下员工每周召开碰头会，大多数经理照做了。私下里，他几乎每天都会约见一小群人，解释存在的问题以及相应对策。

当越来越多的人齐心协力解决工厂出现的主要问题时，局势很快有了明显的好转。虽然在接下来的 12 个月内，亚当森不能宣布“康复计划”终止，但是到了 1980 年 10 月，几乎每个人都明显看出计划取得了实质进展，局势基本得到了控制。

从第一天起，亚当森就向所有员工强调质量。他希望员工明白，企业成功的关键在于优质的产品和运营良好的工厂。最初的危机过后，他开始在上述方面投入更多的时间。他请人重新粉刷了厂房并进行大扫除。他请管理团队检查工厂所有产品和生产流程，而不仅限于自动柜员机。他还专门发起了一项质量运动，最终覆盖了工厂各处张贴的海报、员工的T恤衫，甚至一只被视为“优质吉祥物”的苏格兰狗。

除了讨论 1780 机的危机，他还开始加强与客户在其他方面的交流，并尝试与潜在的客户接触。在典型的出访中，亚当森会带着一名或几名经理与客户或潜在客户见面，询问他们对自动柜员机产品的期望。1980 年下半年，这样的出访足足有 12 次。

在与客户和员工的讨论中，亚当森了解到更多的信息。在此基础上，1980 年年末他开始阐述自己的梦想，反复向邓迪人做简短的演说，永远都是满怀激情，就像第一次说这番话一样。演说的核心内容如下：“我们将要生产的设备无疑拥有广阔的市场前景。放眼同类竞争产品，它们都不能与我们的产品相媲美！只要我们携手共渡难关，必能赢得竞争，实现真正的就业保障。做到这一切，必定更有趣、更有收获、更激动人心。而眼下，无疑是困难的阶段，让我们撸起袖子加油干，争分夺秒将想法变成真正的产品。”

不是所有人都相信这番话，但的确有很多人相信。1980 年，邓迪工厂与工会在没有罢工的情况下，重新谈判并签订了新工会合同。

在这一梦想的指引下，1981 年 1 月亚当森将厂里的产品开发工程师分成两个工作组，其中大部分工程师是从 1780 机的修理现场召回的。亚当森让第一组工程师潜心开发新一代的自动柜员机，又授权第二组人开发过渡产品，即一种优于 1780 机并确保能在新一代自动柜员机问世前能在市场上畅销的机器。亚当森和两组人员都强调了新产品成功的关键在于“了解市场”，并要求两组人员花时间拜访客户和潜在客户。在亚当森身体力行做出表率后，工程师们纷纷效仿这一做法。

1981 年 2 月可谓多事之秋，人祸天灾不断。先是亚当森的助手采购部经理意外身亡。不过亚当森没有让NCR的员工来接替这一职位，而是从外面聘请了乔治·芒罗（George Munroe），亚当森在ITT工作时就认识并敬重的具有远见卓识的人。亚当森还决定聘请另一名外援艾伦·默多克（Alan Murdoch）取代人事经理。然而，尽管邓迪工厂的管理在代顿总部向来名声不佳，但亚当森还是决定留下他接手后的其他主要员工。他们积极配合亚当森的领导，在实施“康复计划”和经营工厂方面都表现得很称职。有些得力助手甚至获得提拔，协助亚当森完成富有挑战性的领导工作，如确定工厂的经营方向、就发展愿景与员工进行有效沟通、激励员工为实现愿景而奋斗等。

然而，一场由小型机引发的经济灾难持续蔓延。这是由于小型机作为邓迪工厂的辅助产品，其生产完全基于代顿总部的预测。当时世界范围内小型机市场疲软，加上邓迪工厂的库存控制体系不完备，导致邓迪账面上需要注销的库存价值高达 100 万美元。亚当森从中得出深刻的教训：如果一家工厂想要长期繁荣，必须要有核心和完备的控制体系。他暗自发誓放弃所有附属产品的生产，着重发展自动柜员机业务。

1981 年 3 月 8 日，亚当森独自在办公室亲手写下有关自动柜员机业务的一长串问题清单，共包括 18 个问题，这些问题无一例外需要亚当森和团队给出明确的答案。比如，“自动柜员机成功的要素是什么”“客户最看重什么”“谁是我们的主要竞争对手”“竞争对手的策略是什么”“竞争对手更成功的原因是什么”“我们应采取怎样的策略”等。接下来一连几个月，亚当森和他的经理们以及产品开发工程师就这些问题进行了详尽的讨论。直到 1981 年年底，他们不停地拜访客户，进一步丰富了讨论的内容，对未来的发展方向有了更为清晰的认知。

一开始，愿景显得简单而模糊：集中力量发展经营自动柜员机业务，力争成为行业领袖。要实现这一目标，就要先发制人生产出符合客户需求的高品质产品。

顽固的愤世嫉俗者嘲笑亚当森提出的愿景，认为邓迪工厂绝无可能成为任何行业的世界领袖。但大多数人保持中立态度，因为他们见证了过去 18 个月里邓迪工厂发生的巨变。

1981 年 12 月，对大多数人来说邓迪工厂已经度过康复阶段：1780 机的销量，尤其是销往亚当森和助手亲自拜访过的大客户那里的数量，相较 1980 年几乎翻了一番；相比 1980 年 250 万美元的亏空，邓迪工厂已经开始赢利；同时工厂的生产力更为集中，一些没有利润的附属产品已经停产；员工对未来产品的方向有了更为清晰的认识，在工厂里常听到质量和可靠一类的词。尽管员工士气不够高涨，动力不够充足，但与 1980 年年初相比，已经有了质的飞跃。

在走访客户的过程中，亚当森总结确立了三大核心市场需求。1982 年春，产品开发小组开始潜心研究如何满足这些需求。第一大需求是性能高度可靠的机器，即尽可能减少有故障的产品。第二大需求是轻松接轨新兴电子银行网络的产品。第三大需求是用户总花销（不一定是购买价格）最少的产品。为了让满足以上需求的产品抢先上市，一套“快轨发展战略”应运而生，目的是尽可能缩减三年常规开发周期，而设计组要做的事情之一，就是在每项设计之初厘清方向并消除繁文缛节。

在这一想法的指引下，致力于研发过渡产品 5080 机的设计组认为，他们需要提供性能优于其他供应商产品的分钞机，最好的办法就是帮助代顿总部自行研发一种新产品。而致力于研发新一代产品 5070 机的设计组则认为，虽然按规定，软件开发由代顿总部负责，但他们可以设计出配套且性能更优良的新软件系统。

代顿总部的设计组得知邓迪工厂方面的想法后，拒绝放弃和让渡他们惯有的特权。总部的员工认为他们能对关键产品做出更好的判断。比如说他们认为开发 5070 机新软件的决策有误，总部的设计师经验更丰富、更有能力胜任设计工作。因而，如果确实需要新的分钞机，也应该由总部全权负责。亚当森采取了多种措施解决这些争端。有时他会避开争论，安静地倾听对方的诉求；有时则用市场数据与对方据理力争："你们的想法是从哪些客户那里得到的？我的想法可是从和 50 位客户的交谈中提炼出来的。"有时他直接向他敬重的总裁小查尔斯 · 埃克斯利求助。大多数时候他都能达到目的，尽管这一切并不容易。

要让邓迪的产品开发组满足他的要求也不容易，至少起初如此。以 5070 机为例，亚当森希望新产品的性能可靠性是竞争对手的两倍，否则无法真正打动客户。当他第一次在头脑风暴环节向开发组宣布这一想法的时候，他们几乎笑出声来，并罗列了几十个理由来证明这一目标根本不切实际。亚当森倾听了大家的意见，但并没有让步。相反，在接下来几年中，每当类似场面重现的时候，他总会要求反对者至少找到一个理由说明目标的可能性，果然最终有人找到了一两个理由。6 个月后，经过多次开会讨论和大量工作，产品设计负责人奈杰尔 · 文森特（Nigel Vincent）承认其实设定一个更高的目标在技术上也是行得通的，因此“比竞争对手好三倍”成为新目标。

替代1780机的过渡产品5080机的研发工作于1982年10月完成。此产品相较1780机有三大改进，包括两台更优质的打印机和一台新型分钞机。这一结果让公司内外的质疑者们目瞪口呆，因为5080机的性能可靠性不仅远胜1780机，即使和领头羊IBM生产的两款竞品3614机和3624机相比，也有过之而无不及。

在5080机一炮而红之后，大受鼓舞的邓迪员工更是干劲十足地研发5070机。这是一款银行内部使用的集存取款、转账和账户查询为一体的全功能自动柜员机，在当时可谓新生代产品中的第一款。他们编写了新软件代码，生产、购买了性能更可靠的部件，在模块中设计了一种可以快速拆装的元件，避免了以往维修时经常要用昂贵又笨重的工具箱的情形。

亚当森将产品完工期限定在1983年11月，这是颇具野心的举动，目的是参加同年12月由美国银行协会（American Banking Association）主办的自动柜员机交易会。而他的员工不负期望，交易会前27天就已一切就绪。

第五届自动柜员机交易会在芝加哥举行，吸引了2 500名银行从业者参与。3天的交易会汇集了世界上几乎所有的自动柜员机类型。交易会首日一大早，邓迪员工就进行了第一次演示，整个交易会期间又进行了38次同样的演示。演示中，一名穿着得体的NCR雇员站在展示台上，旁边是一台5070机。在没有辅助工具和助手的情况下，这位雇员开始拆机器，把零部件放在一旁的桌子上，然后将机器重新装好，整个过程不到 15 分钟。每次演示结束后，展示者都会摁下启动按钮，在全部 39 次演示过程中，机器都运行良好，这显然给大多数客户留下了深刻的印象，参加交易会的邓迪员工更是欢欣鼓舞，总部管理层，包括那些认为完全不值得冒险进行这种演示的高管，全都松了一口气。

亚当森和他的团队确信工厂正走向正轨，于是在 1984 年全年放开手脚进一步开展早先启动的创新方案。质量提升的方案越来越受到重视，大量新产品开发项目得以启动，走访客户也越来越多。1984 年，仅亚当森一人就亲自走访了 28 个不同国家的客户。他们还在邓迪的生产区域设立了一个自选产品中心，称之为“未来分部”，向来访客户展示自动柜员机。

1984 年，几百名客户受邀参观邓迪工厂，最后来了将近 190 人。一次典型的客户参观活动，包括与亚当森会面，双方彼此介绍后，通常由系统项目管理经理特德 · 西姆斯（Ted Sims）介绍工厂运营的基本情况，接着与质量总监尼尔 · 亨德森（Neil Henderson）讨论质量问题，参观“未来分部”，最后参观整个工厂。工厂向导会在带领参观时停下，检查一些质量审计表，这些表贴在每一片组装或分装区，非常醒目。审计表上几乎总是显示次品/误差/问题出现率低于目标范围，并持续降低的情况。

到了 1984 年中期，成群结队的潜在客户参观工厂只是众多繁荣迹象之一。5 月，邓迪工厂推出 5081 机，一种全功能嵌壁式的自动柜员机。6 月，自动柜员机产品订单纷至沓来，以至于几乎所有非自动柜员机都停产了。7 月，霍尼韦尔国际公司退出自动柜员机市场，很快另一家欧洲公司 Datasaab 也退出了市场。

到了 1985 年，贯穿了过去一整年的强劲发展势头并未消减。1985 年 5 月，多科特尔公司和宝来公司（Burroughs）放弃自动柜员机业务的消息传到邓迪工厂。6 月，NCR 的 5084 机问世，这是一款分钞型的 5080 机。7 月，邓迪工会同意签订为期 3 年的合同。在整个英国劳资关系史上，像这样一次签订多年合同的情况尚属第二次。

亚当森为签订这份合同做了大量工作。厂里隶属于二三十个不同工会团体的员工占员工总人数的 75%，亚当森和人事经理艾伦·默多克找每名工人谈话，讲明签订这份合同的利弊，并告诉他们，自己由衷相信签订这份合同是正确的决定。然而，工会领袖极力反对，怂恿工人们拒绝签订这一合同。最终投票结果显示，80% 的工人投了赞成票。

亚当森没有辜负员工对管理层的信任。自动柜员机的销量在 1985 年全年持续增长。到了 12 月，工厂接到的订单量比 1980 年订单量的 10 倍还要多，利润极其可观。更可喜的是，初步数据表明，NCR 的自动柜员机销量位居全球第一，比迪堡甚至 IBM 的销量还大。

亚当森的出色表现在代顿总部也颇引人瞩目。1986 年 1 月，他获得提拔，赴美国任主管总部零售产品的副总裁。乔治·芒罗接替他担任邓迪工厂总经理。

1986 年，新产品频繁问世。3 月，邓迪工厂推出了 5571 和 5085 两款机型，前者是具有内部查询功能的文件打印机，后者是 5080 机的替代品，其性能可靠性是 5080 机的两倍。7 月，5572 机面世，这是一种作为市场营销工具的互动视频终端机，也是第一款或将超越自动柜员机业务的系列产品之一。11 月，5088 机上市，这款机器在 5085 机版本上设计而成，最大的亮点是可以放在汽车的岛式支架上，使用者无须下车，摇下车窗就可以在自动柜员机上办理业务。

1986 年 12 月的洛杉矶自动柜员机交易会上，NCR 终于能向世界展示全套自动柜员机系列产品，成为当之无愧的行业领袖；当年的全球货运量中，NCR 占了 35%，其次是迪堡（19%）和 IBM（18%）。

1987 年上半年 NCR 的市场份额继续上升。6 月，邓迪工厂推出 5070L 机，相当于 5070 机的低价版，并迎回亚当森担任总经理。亚当森重返邓迪工厂的官方原因是他的妻子不愿离开家人朋友侨居美国。但坊间传闻众说纷纭，有人说他不喜欢总部的工作环境，也有人说他以前的上司达雷尔·克拉克担心亚当森离开后邓迪工厂的发展势头减缓。

无论真实原因如何，重返邓迪工厂后，亚当森开始更清晰坚定地勾画出更宏伟的愿景，这份愿景回答了邓迪工厂能够并且应该成为什么样子：不仅仅满足于眼前当金融服务业自动柜员机业务的龙头老大，更要成为所有行业自助设备业务的世界领袖，还要成为世界上最好的制造型企业之一，即“超级工厂”。对于这一愿景，正如之前一样，有人嘲笑，有人摇头，但越来越多的证据显示，在出色的领导下，邓迪工厂的员工能够取得引人注目的成绩。

到了 1987 年年底，统计数字表明NCR的自动柜员机的全球市场份额上升至 42%，现有库存的消化时间缩短到 19 天（相较 1980 年的 6 个月），税前收入较 1986 年上升 61%，开箱检查的次品量比上一年下降 35%，生产率上升 27%，资产利润达到NCR历史上的空前水平，上涨了 34.5%。

1988 年，邓迪工厂管理层与工会签订了第二个 3 年合同，这成为英国历史上第一个连续签订的多年合同。此外，工厂的生产力持续攀升，市场份额和盈利额继续增长。

同年 4 月，当吉姆 · 亚当森坐在办公室向波士顿来的客人讲述这一切时，他为名不见经传的苏格兰团队竟然完成了规模更大、财力更雄厚的公司没能做到的事情而备感自豪。他们与IBM公平竞争，在资金更少、员工受教育程度更低、地理位置不占优且起点平凡的情况下最后胜出。他们最初唯一的强项仅仅是NCR在金融机构中享有的良好信誉，尽管这份信誉在很大程度上受到邓迪工厂生产的第一批自动柜员机产品的影响。然而，他们克服了种种困难，形成了一种IBM、宝来、霍尼韦尔、多特科尔、Datasaab和查布等公司在自动柜员机行业不具备的竞争优势，即强劲的领导力。

形成这一领导力的细节，其采取的形式、所带来的影响，是这一案例所特有的。就本书的目的而言，邓迪工厂的案例之所以有趣，是因为里面包含了复杂组织中常见的有效领导力的众多内容，我将在接下来的章节中详细探讨[2]。

这些主题所体现的模式首先和领导过程相关（第3章和第5章）。在邓迪，通常情况下，一个愿景会和实现这一愿景的战略相伴而生，整个过程并不像人们平常所认为的那样神秘。邓迪的案例和大多数领导力案例相同，愿景通过有效交流传达到各相关方，使得大家理解并朝着愿景努力工作。该过程可以称得上是一项交流挑战，比接受过管理训练的读者想象的还要为复杂。邓迪模式和其他领导力模式相似，在该模式下员工受到非同寻常的激励，从而能克服前进路上遇到的各种困难，在管理指南丛书中通常介绍的简单化操控手段下，这种程度的激励根本不可能出现。在邓迪，与几乎所有同类案例一样，有效的领导同时伴随着与之相称的管理，管理过程虽和领导过程有本质差别，但却是领导的关键所在。

诚然，若无合理的计划、权责分明的组织架构以及良好的控制，邓迪的经营甚至可能熬不过1980年；NCR的总裁曾告诉亚当森，如果工厂的经营状况“得不到控制”，6个月之后他将关闭工厂。亚当森一开始做的努力就是管理，但在这之后，倘若缺乏良好的领导，也不可能产生与代顿总部、巴克莱银行、工会以及其他人期待相一致的结果，难以想象1982年后邓迪发展的强劲势头，而这种势头在促使领导力发展壮大的过程中可谓至关重要。

领导力的基本架构，包括人在其中所扮演的角色和人们相互作用的关系，在邓迪的例子中也是非常典型的，特别是和其他中小型企业相比。从表面上看，这一架构极其简单，只有一名领导，即亚当森。但明显的线索表明，情况其实更为复杂：在 1986 年和 1987 年亚当森离开邓迪期间，领导过程并未就此消失。领导强度可能有所减弱，但仍然存在。更深入的调查（第 6 章和第 7 章）证明，在邓迪及其他地方，实际上存在由某些机制联系在一起的多重领导角色，这些机制是独特的，与其服务的职能相称，不同于协调管理角色的机制。

同样，表面看来，领导力的根源并不是显而易见的，即亚当森取得如此成就的原因并不是显而易见的。对此，人们给出的解释往往很简单，最常见的就是归因于基因遗传，即亚当森之类的领导者生来如此。虽然我们无法肯定是什么造就了亚当森之类的人物，但更深入的研究（第 8~10 章）表明，这显然是遗传、早期生活经历、重要职场经验以及企业文化共同作用的结果。邓迪工厂案例中的确切模式尤其重要，因为这对增加组织中的有效领导力的实践有很大的启示意义。

对大众而言，也许最清楚不过的是邓迪工厂案例展示了在现代复杂组织中，有效领导力最常见的功能是在某一有用方向上制造变革，经常是剧烈变革。1988 年的邓迪工厂与 1980 年比起来发生了翻天覆地的变化。故事中涉及的几乎所有人，从车间工人到代顿管理者再到巴克莱银行的客户，都承认是全面变革使企业朝着更好的方向发展。变革给各种不同群体带来了实在的利益。员工有了就业保障，获得了更多升职机会，工作做得好并从中赢得更多自尊；客户获得了更符合实际需求的一系列产品；供应商增加了额外的业务；代顿总部净收益剧增，令人头疼的麻烦事大大减少；甚至母公司的股东们也从邓迪工厂的利润中获得了更好的股票价格。

实际上，在有效领导力的案例中能取得如此引人注目的成果并不罕见[3]。一直以来，领导力的核心就是创造重大的变革以实现更美好的愿景。历史上伟大的政治家、军事家和宗教领袖无疑对此领会颇深。越发重要的是，当今的管理者们亦应认识到这一点。

2 领导力过程的本质

第 3 章

方向

领导力创造变革，是其首要职能。在体现有效领导力的案例中，经营活动的变革方向需要仔细拟定，而这一过程正是领导力的核心所在。要理解定向这一过程，弄清楚哪些活动不属于这一范畴是至关重要的。虽然人们经常将企业定向和计划或长期计划混为一谈，但两者实际上有本质的差别。计划属于管理范畴，本质上是演绎的过程，首要目的是为了维护有序的结果，而非制造变革，这与领导力中的定向大相径庭。

例如，工厂管理层得知销售部门已向一家重要客户保证，5 月 1 日交出一定数量的某种产品，那么他们就会制订计划确保诺言兑现。制订计划的思路从预期目标着手，再按时间顺序倒推，演绎得出达到目标要完成的工作。因此有下列推断：第一，要在 5 月 1 日交付订单，货运部门须在 4 月 24 日左右安排发货；第二，要在 4 月 24 日发货，就必须在 4 月的前 3 周内完成产品的最后组装；第三，按当前的组装计划，并没有那么多闲置生产力，必须增排第三班人员轮流工作；第四，要为4月的组装准备好部件，部件生产部门需要……第五，为此，采购部门需要……依此类推[1]。

计划的结果通常是产生一则声明，声明将包括从当时到达成目标期间要做的每一件事，还可能包括某项预算，这也属于计划过程，以实现财务目标。如果最终声明篇幅长且内容复杂，造成记忆和传达困难的话，可以形成书面文字。否则，就可以口头传达给员工或同事。

计划通常须送达或告知组织架构中的所有相关人员，以便每个人了解预期结果。比如，采购人员要知道截至1月15日前必须要做的事情。此外，计划也是控制过程的一部分，通过定期将计划和真实情况对照，管理者能很快发现问题并纠正偏差。

具有上述特征的好计划对企业来说可谓至关重要。商场之所以如此复杂，是因为其中牵涉的人以及活动之间都彼此关联。缺乏好的计划，企业就无法向客户、员工或股东兑现承诺，随之也将暴露所有内在问题。同时，企业的发展将会在一连串危机中步履蹒跚，直至在过程中耗尽人力、物力和财力。

然而即使最好的计划也无法等同于领导力，或者更确切地说，等同于领导力的定向方面，自然更不能替代领导力。

领导力的定向环节不生成计划，而是确定愿景[2]和制定战略。这里所说的愿景既不神秘亦非无形，而是意味着对事物（一家企业、一种企业文化、一个行业、一项技术和一类活动）未来（经常是遥远未来）本质的描述。一个典型的愿景要足够具体，具体到能切实给予人们指导，但同时又要相当抽象，抽象到可以激发人们的创造性，并且适用于各种情形。当然，愿景有好有坏。通常，如果一个愿景能够同时经得起需求和可行性的检验[3]，就可以认为它是一个好的或者说合适的愿景。需求是指一个愿景中描述的未来状况在多大程度上满足了重要利益相关方（包括客户、股东和雇员）的需要。可行性则表现在战略（通常是竞争战略）上，因为战略展现了最终达到理想状况在现实中的可能性，尽管这一理想状态并不一定能实现。相反，糟糕的愿景要么忽视了重要利益相关方的合理需求和权利，要么在战略上行不通。

例如，NCR邓迪工厂在1982年确定的发展方向可概括为：自动柜员机业务将成为工厂的未来，而邓迪工厂将成为业界翘楚。谋求自动柜员机领域世界领导力无疑是符合工厂需求的，因为其带来的利润和发展水平不仅会满足甚至超越代顿总部管理层的最高期许，也会满足甚至超越邓迪工厂员工对于就业保障、薪资和晋升机会的希望。这一目标应当具备战略上的可行性，即要先于竞争对手生产出最符合客户需求的系列产品。而要实现这一战略，邓迪工厂需要借助竞争对手尚未完全重视的拜访客户和快轨发展项目两种方式。由于快轨发展自身的特性，一旦战略奏效，竞争者很难赶上，因而此战略能赢得压倒性的优势。

确定此类发展方向通常是一个分析归纳的过程，即广泛搜集相关数据并设法找出具有说服力的模式、关系和关联。而推动这一过程依赖于对一连串问题的思考，如NCR邓迪工厂的负责人吉姆·亚当森曾提出的“谁是我们的竞争对手？为何竞争对手中的某些公司更成功？为何一些竞争对手比我们更成功？谁是我们的客户？这些客户成功的原因何在？这一切如何变化？在当前环境下，我们的主要强项是什么？我们最大的弱点是什么？”这些问题几乎不可能在一个人那里获得答案，必须有很多人参与其中才能找到答案。不过很多时候，集体参与会受到组织者（像亚当森）的质询，而这位组织者通过提问并仔细倾听回答来把握节奏。

定向过程一旦开始，通常会持续很长时间，其间会经历重大活动频繁的旺季，也会经历几乎没有活动的淡季。因此，愿景和战略通常是动态且不断演变的。比如邓迪工厂在 1981 年、1983 年和 1987 年的发展方向就各不相同。

定向过程得出的结论通常比计划要紧凑得多，如果要落实到纸面上，愿景和战略通常表述起来也会有好几页的篇幅。其次愿景和战略本质上远不如计划那样数字化。最后相比于计划注重风险消除，愿景和战略总是和一定程度的不确定性相生相伴，因为不冒风险就有重大变革是全然不可能的。

由于计划和愿景要达成的目的不同，所以二者之间不能相互替代。前者强调做事的一致性和可预见性，不管是经营已有的业务还是进入一个新的业务领域；后者则意图在产品、市场、财务等方面甚至公司管理本身来制造变革（见表 3–1）。

一些公司对以上区别缺乏认识，结果造成管理过度、领导不足的局面。这些公司抱有“长期计划就是灵丹妙药”的想法，缺乏清晰的发展方向，结果无力适应竞争日益激烈的动态商业环境。其实懂得计划和定向之间差异的人一眼就能看出来，用计划代替愿景的做法是不可能奏效的。

首先，由于活动范围广，制订长期计划通常耗费时间，而且一旦出现意外情况，就必须重新制订计划。在动态商业环境中，出现意外情况几乎是一条定律，因而制订长期计划就成为沉重的负担。这也是多数成功企业对其计划期限加以限制的原因所在，有些企业甚至认为“长期计划”这一提法本身就很矛盾。

如果一个公司缺乏发展方向，即使制订了短期计划也可能成为管理上的“黑洞”，导致功亏一篑。如果缺少对计划过程进行限制或是引导的愿景和战略，那么就要制订多种计划以防任何不测。这种情况下，就会永远忙于制订应急计划，占用本该投入到核心要务的时间和精力，而无法为公司确定当下的发展方向。一段时间后，管理者将不可避免地怀疑这一切，整个计划过程将演变成职场政治的博弈游戏。

表 3-1　确定议程：管理与领导

	管理：计划和预算	领导：定向
首要职能	通过计划帮助企业在重要领域创造预期结果（例如按时按预算完成任务）。	通过确定变革方向，帮助企业实现为应对不断变化的商业环境所需的变革。

（续表）

	管理：计划和预算	领导：定向
活动概述	制订计划：就如何达到目前重要利益相关方（如客户和股东等）的期望结果而制订一个详细计划，如果过于复杂并且难记或难以言传，可以用书面形式；同时制定一个时间表，规定何人须在何时完成何事，以及所涉及的费用。制订计划是一个倒推演绎的过程，从要实现的目标出发，逐一厘清必要的步骤、时间表和费用。	确定方向：确定愿景以描绘未来企业组织或活动的核心方面，制定战略以实现愿景。确定方向是一个分析归纳的过程，其间需要广泛搜集有关所在行业、企业组织或活动的信息，回答该领域的基本问题并根据对问题的理解程度，对替代方向进行检验，可能会就其中一些选项进行试验，最后确定企业发展方向。

当计划不是定向的替代品，而是定向的补充活动时，才能发挥最大功效。也就是说，一个良好的计划过程通过回答以下问题能有效地检验定向活动：为达到目标采取的最初几步是否可行？我们是否真的能为此付出代价？同样，一个具备竞争力的定向过程为计划的实际执行指明了方向，厘清了计划必须做什么以及哪些与计划无关（见表 3–2）。

领导有方且管理有效的企业组织自是深谙此道，不过眼下它们毕竟只是少数。

表 3–2 复杂企业组织中定向和计划的互动关系

定向过程创造	提供焦点	计划过程确定
√愿景——人们渴望创建的长期发展（3~20 年）的企业组织	⟶ ⟵	√正式或书面计划——6 个月~2 年
√实现愿景的战略（1~5 年）	实际检验	√口头计划——1 天~1 年

美国运通旅游服务公司（Travel Related Service,简称TRS）1978—1987 年的发展，是有效定向的一个绝佳例子。这个例子和之前NCR的例子大不相同：前者是服务业，后者是制造业；前者总部在美国，后者在欧洲；前者规模大，后者相对小；前者发展成熟，后者仍属年轻；前者形势大好，后者身陷困境，亟待转变。但与NCR的案例相似，愿景和战略的发展和利用直接促成了企业的成功。

TRS一直以来都是美国运通公司的核心业务，早在 1850 年公司创立的时候就已存在。其推出的第一大产品是汇票，旨在挫败大盗杰西 · 詹姆斯（Jesse James）的抢劫行为。到 20 世纪 70 年代，汇票早已被旅行支票和美国运通卡所取代。这些业务和相关服务都大获成功，但是TRS面临着这一成熟行业日益加剧的竞争。

到 1978 年，成百上千家银行都在发行或者计划推出自己的维萨信用卡（Visa）和万事达信用卡（Master Card），超过 24 家金融服务公司开展旅行支票业务。那年《财富》杂志的一篇文章预测旅游服务机构“将发现保持可观利润愈发艰难”。这一论断非常符合逻辑，因为在一个成熟市场中，竞争越激烈，则利润越少，越难发展。

这一章故事的主角是卢 · 格斯特纳（Lou Gerstner），他长着一张娃娃脸，毕业于达特茅斯大学，获得了哈佛大学工商管理硕士学位。格斯特纳曾在麦肯锡公司工作过 13 年，1978 年接受美国运通公司新总裁吉姆 · 鲁滨孙（Jim Robinson）的邀请,加盟TRS担任行政副总裁一职，并于 1979 年成为旅游服务机构的总裁。

格斯特纳开始在美国运通公司实施他在麦肯锡业已形成的想法。由于曾担任旅游服务机构的顾问将近 5 年，毫不夸张地说，他花了上千个小时密切关注收益亏损的旅游部和竞争日益激烈的信用卡业务。这一纯麦肯锡式的调研过程，对格斯特纳来说可谓得心应手。他一开始即提出有关经济、市场和竞争的基本问题，并组织七八个人的团队广泛搜集资料，以回答这些问题。这项工作强调用心思考，直到摸透行情。

新上任不到一周，格斯特纳就以老板的身份将信用卡部门的员工召集起来，询问他们开展业务的所有原则，这一举动令员工们大吃一惊。他问的最基本的问题是：顾客对我们的产品和服务有何看法？我们在竞争中的地位如何？我们的核心经济手段是什么？他尤其反复质疑两大被普遍接受的观点：一是产品已趋于成熟，因此限制了发展和革新的潜力；二是应当只经营绿卡这一种产品。接下来的一年里，他额外召开了几十次战略会议讨论这些问题，在其他正式会议上，他也曾几十次讨论这些问题。

在这些会议上，格斯特纳完全不能容忍那些流于形式、内容空洞的发言。他要求员工基于事实展开真正的讨论，做到有底气、有分析、有策略，而且有竞争意识。在加入美国运通公司的第二年，他对旅行支票部采取了同样的做法，再后来这一做法被应用于所有业务部门。

通过这种过程，愿景开始形成，即让旅游服务机构重新焕发生机，而不再像是一个成熟行业中已存在了130年的老古董。愿景中的旅游服务机构充满活力，不断发展，在几千家银行推出维萨信用卡和万事达信用卡的激烈竞争下，依然保持良好收益。实现此愿景有多种战略，因产品系列不同而变化。大体而言，该战略的第一步将几乎全部的注意力集中到全球市场上，重点关注美国运通公司一贯为之提供最佳产品服务的富裕户。此外，根据客户类型进一步划分市场，积极开发针对不同市场需求的产品或服务，并通过营销手段将这些多样化的产品或服务快速推向市场。在此基础上明智投资以不断增加生产力，从而降低成本。旅游服务机构的员工认为这些方法将提供最优质的客户服务，并将优于维萨信用卡和万事达信用卡所能提供的服务，同时市场上自由支配的资金充足，充足到可以从旅游服务机构购买远多于当前的服务，这形成了巨大的增长空间。

为实现这一切，下一步战略就是打造一种更为进取的企业文化，聘用并培训一群富有献身精神的出色员工，让他们在这种企业文化中茁壮成长，并清楚地告知他们企业总体发展方向。员工在开拓进取的企业文化中耳濡目染，慢慢对他们正努力实现的目标有了清晰的认知，这是战略的第一步。据旅游服务机构的管理层所说，没有一家竞争对手能够照搬他们的模式，因为所有竞争对手，尤其是银行，很难形成开拓进取的企业文化氛围并吸引到最好的雇员。

一旦确定发展方向，就要通过上下传达使旅游服务机构的相关各方知悉这一目标。格斯特纳引导企业努力达成经营方向指明的愿景，后来越来越多的人投入这一理想之中并为之不懈追求。

久而久之，TRS就形成了一种更为开拓进取的企业文化。起初是格斯特纳，然后是其他高层管理者，都尝试对理智权衡下的冒险行为予以鼓励，并尽可能地对成功的冒险予以嘉奖。格斯特纳在这一过程中起了表率作用，他最初采取的一些措施在他人看来相当激进，令员工们惊诧不已。比如，为了重振处于亏损且在公司没有地位的旅游部，他将公司信用卡业务从信用卡部抽离出来，连同信用卡部的一些最好的管理者，一并划拨给了旅游部。

旅游服务机构的管理者们还消除了不必要的官僚主义作风，如弃用意义不大的办事流程和日常文书，以便企业更好地开拓进取。格斯特纳本人就减少了使用备忘录的次数。

聘用条件也随之提高。格斯特纳一直谈论“高素质”人才，他派公司的招聘专员到最好的学校招聘最好的学生。为吸引优质人才并帮助他们成长，他创立了旅游服务机构毕业生管理项目。这一决定不仅让具有非凡潜力的年轻人获得特殊训练，学到一系列丰富的经验，还让他们有机会接触到管理高层。

新的经营方向在公司内反复传播，新老员工慢慢都会真正做到从愿景出发，开始关注TRS的市场。当高素质人才在开拓进取的企业文化和纪律严明的管理环境（也是格斯特纳强调的重点）中做到这一点时，受欢迎的新产品、新服务和新方案就开始纷纷涌现。

1978 年，旅游服务机构开始大力开拓海外市场。到了 1988

年，市面上已有 29 种货币形式的美国运通卡，而 10 年前仅有 11 种。1979 年，公司开始高度重视之前长期忽视的两个市场群体：女性和大学生。1981 年，旅游服务机构将信用卡和旅游服务相结合，向客户推出一种可以随时知晓旅行花销的联合系统。1967 年以来，直销和邮售商品一直是美国运通公司业务的一部分。然而到了 20 世纪 80 年代早期，旅游服务机构为顾客提供的商品种类变得极为丰富。到 1988 年，美国运通公司一跃成为全美第五大邮寄直销商。

1981 年，旅游服务机构首次将公益营销的想法付诸实施，这主要与 1983 年令人瞩目的修缮自由女神像项目有关。每增加一位新卡用户、发售一张新卡、开具一张旅行支票或达成一笔旅行交易，美国运通公司就相应捐一笔钱。在修缮自由女神像的过程中，美国运通信用卡的使用率增加了 28%，新用户增加了 45%。1984 年推出的白金卡（Platinum）被《财富》杂志誉为年度最佳新产品。1987 年，普通卡升级出新的“买主保险”功能，为客户用美国运通信用卡所购商品提供 90 天的保险期。该卡推出后不久，持卡购物率就上升了 28%。同年一款名为“最优”（Optima）的周转信用卡问世，已入选了《财富》杂志评选的 1987 年度最佳新产品榜单。1988 年，公司采用图像处理技术开账，方便客户接收每月账单，并将开账成本降低了 25%。

在管理良好的环境中，所有这些领导力方面的成功都直接转化成收入和利润的稳定增长，这在一定程度上挑战了成熟市场的运行法则。1978—1987 年，旅游服务机构的净收入惊人地增长了 500%，年复合增长率上涨 18%。事实上，它的出色业绩胜过许多高科技高增长企业。1988 年股东资产净值的回报率达到 28%，也超过了大部分低增长高利润的行业。最难能可贵的是，这一切都是在预期的激烈市场竞争下实现的。

总的来看，对于一家有 130 年历史的公司来说，这已经是非常不错的业绩了。

有一种倾向认为愿景及确定愿景容易让人陷入形而上学的陷阱，暗示愿景非常神秘，不是人、甚至非凡天才应该思考的事情。然而旅游服务机构的案例表明，这个倾向从根本上就是错误的。确定良好的企业发展方向不是变魔术，而是一个近乎艰难甚至令人筋疲力尽的搜集信息和分析资料的过程。那些确定愿景和制定战略的人也不是魔术师，而是敢冒风险且实力雄厚的战略家。有效的商业愿景本身并不是虚无缥缈的，可以通过形式和功能清晰的计划加以诠释（见表 3-1）。

尽管愿景和战略有时具有非凡的创新性，看起来像变魔术一般，但大多数时候并非如此。商业愿景一般都带有世俗的特点，经常是由众所周知的想法组成，这些想法的特定组合才是新意所在。但有时候，连整体方向都不是新的，如希望在未来达到的状态、为何需要实现此种状态的推理论证、实现愿景的战略，以及战略可行的逻辑推演。愿景和战略发挥作用的原因也可能源于竞争对手，他们要么缺乏确定企业经营方向的意识，要么追求的愿景本身存在问题，要么采取了相似的战略，但员工并不买账。

斯堪的纳维亚航空系统（Scandinavian Airline System，以下简称SAS）的例子在这方面很有启示意义。像大多数高度管制行业的公司那样，在“二战”后紧随欧洲复苏而来的经济繁荣中，SAS迅速发展。从1962年起，SAS持续16年盈利，1978年时盈利率到达峰值。然而在1979年，美国对航空公司实施接触管制，此时距第一次石油危机爆发已有6年，各国的航空业均开始发生变化，SAS也不例外，逐渐走下坡路，开始亏损。1980年，简·卡尔森（Jan Carlzon）出任SAS首席运营官时，公司财务赤字已经达到2 000万美元，这对与SAS同等规模的公司来说，是一笔相当大的数目。

卡尔森英俊潇洒，是斯堪的纳维亚人，旅游业贯穿了他的整个职业生涯。他最初在SAS的子公司文戈雷索公司工作，负责组织并出售假期跟团游产品。1978年，他成为SAS国内航空公司——林捷航空公司的总裁，1980年晋升为SAS的首席运营官，一年后升任总裁。

作为SAS的领导者，卡尔森很快意识到公司需要“新航向”。于是他指定一支由经验丰富的管理人员所组成的团队，处理公司日常事务。而他则和另一支他亲自招聘的团队一起，集中精力确定企业经营的新方向，并传达给SAS的员工、董事会、工会以及相关航空管理部门。

新愿景基本如下：SAS力求成为世界上商旅常客的出行首选。

这是一个很理想的目标，因为一旦实现，能带来很高的利润（商旅常客一般不会买打折机票）、稳定的业务（市场情况时好时坏，保持造价昂贵的班机满座极为重要）、增长的潜力（世界上的商旅常客众多，而SAS目前的市场占有率较小），这将满足所有利益相关方的需求。为实现这一目标，SAS寻求的战略是：将支出资本和管理时间集中投入能满足商旅常客密切关心的少数事情，如航班准点、往来商务中心之间的班次频繁，而不是将时间和金钱浪费在其他事情上。

不过，这一愿景并不排斥关心票价或者富有的假日旅客。相反，SAS很愿意为这两类乘客服务，只是不会花费时间或金钱来满足这些次要市场的特别需求。其他航空公司都可以做此类业务。假如说空客公司、麦道公司或波音公司推出创造技术奇迹的新型飞机，受到假日旅客的欢迎，但对商旅市场而言这种新技术并不必要，那么对SAS来说选择就变得很容易，不买此类新型飞机就是了。

这一愿景的核心理念是利用服务商旅常客的优势，这一点根本算不上新奇。整个航空行业都知道商旅常客愿意为更昂贵的机票买单，且往返航线也更为一致，也知道不同的市场群体有不同需求，因而航空公司可能会在出资满足A群体需求的同时完全忽视B群体，除非B群体愿意出高价购买机票以抵消航空公司因此而增加的成本。但航空业更多的是以官僚主义作风闻名，较少关注愿景，之前没有任何一家公司将这些简单的想法整合起来，投身其中并朝着其指引的方向努力。SAS做到了这一点并大获成功。

到1982年，虽然世界范围内国际航空公司的总损失高达20亿美元，但是SAS重新开始盈利，且利润持续增长。1983年，SAS的净收益、客户满意度和员工士气都有了很大提升，被《世界航空》杂志（Air Transport World）评为年度航空公司，还有很多杂志将SAS誉为世界最佳商旅航空公司。公司利润继续以惊人的速度飙升，1988年达到6亿美元，比卡尔森上任前最好的年份（1978年）的利润的25倍还多。这一世俗愿景实现后，卡尔森可谓名利双收。

亚当森和他的团队想在全球自动柜员机行业独占鳌头，格斯特纳等人希望在旅游服务市场为客户提供最优质的服务，卡尔森渴望将SAS变成世界上首屈一指的商旅航空公司。当李·亚科卡（Lee Iacocca）接手克莱斯勒公司（Chrysler Corporation）的烂摊子时，曾说过“只想成为最好的”。

想在某一方面成为最好的，这是成功商业愿景中非常普遍的观念，可能比大多数人意识到的还要普遍。无论市场大小、技术高低、美国国内还是国外，到处可见这一观念。在成功案例中，这一“最好”主题从不是单枪匹马，也非虚张声势，而总是和一种或是一整套切实可行的战略紧密联系在一起，且一直存在。

约翰·哈维-琼斯（John Harvey-Jones）爵士凭借出色的领导力，帮助英国化学工业公司（ICI）从一个蹒跚不前的巨人变成化工行业中获利颇丰的竞争强者，他也因此广受赞誉[4]。他相信有若干理由可以解释为什么我们会经常见到这一“最佳”主题，很多人赞同他的看法。哈维–琼斯说：“商业领袖必须着眼于最好，因为只有做到最好才能掌握他们自己的命运，获得他们和员工所追求的报酬。这是一个不断强化的过程，最好的人想要进入最好的公司。最好的公司能够轻松获得盟友、购买技术、受到国外市场欢迎、从银行或者股东那里获得资金支持，还可以避免部分公开散布会有损公司形象的尖刻抨击。”换句话说，成为某一方面最好的，可以获得各种显而易见的回报，因而这种状态变得非常理想，也是竞争优势的重要来源。这种观点也许再平常不过，然而世界上仍有许许多多的企业甘做行业中的第二、第五或第十。

在NCR、美国运通公司旅游服务机构和斯堪的纳维亚航空系统的案例中，三者追求的方向有一个值得注意的共同点。三个案例中，企业力求成为各自行业最好的战略中都提到减少官僚主义作风、营造开拓进取的企业文化。虽然具体表述各不相同，但观念是一致的。背后的逻辑看起来也很正确，因为在一个竞争日益加剧的全球市场上，很难想象一个官僚主义作风严重、体制臃肿、发展缓慢的企业能在任何方面取得领先地位。这也是显而易见的。但当今世界依然有无数企业官僚主义作风盛行，其中有些企业甚至缺乏清晰的发展方向（见表3–3），但却很少做出改变。这就是公司管理过度而领导不足导致的后果。

表 3-3　定向

发展方向	描述某种在未来、通常是遥远未来的状态（即愿景），以及实现这一状态的战略。好的愿景能经受两种检验：需求和可行性。需求意味着企业主要利益相关方（如客户、股东、雇员等）的需要能获得满足。可行性指达到愿景的合理战略，考虑到了竞争因素、企业的优势和劣势，以及技术发展的趋势等。一个企业的发展方向可以非常新颖，但往往并非如此。
确立方向	大范围地搜集关于经营活动或者行业的信息，尤其是从客户处搜集。向传统想法提出挑战，并分析得出能够回答经营活动或者行业中基本问题的方案（例如，商业成功需要什么？客户对我们的产品和服务有何看法？），再根据对问题的理解得出多种方案并进行验证，甚至可以试用其中一些选项，最后选定一个好的方向（同时具备需求和可行性）。确定方向是一个不断变化的动态过程，没有真正意义上的终止（虽然此过程会经历重大活动频繁的旺季，也会经历几乎没有什么活动的淡季）。
潜在影响	清晰的发展方向指出团队的目标、达成目标的方式以及提供鼓舞人心的信息，因此有助于产生有利的变革，尤其是重大或激进的变革。

第 4 章

联盟

现代企业的一个核心特征就是相互联系，其中任何人都不是完全独立的，大多数员工都因为工作、技术、管理体系和职级与他人联系在一起。一旦企业试图变革，这些联系就对实施领导力形成了特殊挑战。如果大多数人不能联合起来朝着同一个方向努力，那么势必造成相互掣肘。

对一个拥有很多管理知识但欠缺领导力知识的读者来说，促使人们朝着同一个方向努力是一个组织问题。但事实并非如此。企业组织属于管理过程，有着不同的职能和特点。这里要谈的活动是达成联盟，属于领导力的范畴。

管理者“组织”创建了用人机制，以便尽量准确有效地实施计划。这通常需要做一些复杂的决定，从职位和汇报关系的无数可能性中挑选出合适架构，并为这一架构配备人员，这又要求人员和职位匹配。如果人员不具备一般情况下该职位所需的技能和知识，那么公司就必须明确为这些人提供何种培训和指导。计划总是需要向员工传达，这就意味着需要决定传达的对象和传达的信息量。此外，还需要时常设计一些经济刺激以鼓励计划落地执行，这些设计又总是存在诸多替换方案可供选择。同样，监督计划实施系统也存在许多可能性。这一切都需要有明确的指导。

这类组织判断在很多方面与建筑决策非常像。本质上这是一个关于是否适合某一特定环境的问题：结构是否适合总体计划中的任务？员工是否适合这种工作？薪酬待遇是否适合计划目标和所涉及的人员？过去，我们费了很大的功夫形成一门科学来回答这些问题。但正如建筑是艺术和科学的复杂结合，企业组织也必须依赖大量复杂判断。

联盟至少在三个方面和组织有着本质区别。所有的不同加起来，使得联盟更像是交流方面的挑战，而非设计方面的问题。

第一，尽管组织工作意味着与很多人交流，但和领导活动相比人数总是要少一些。有时候是少很多。在吉姆·亚当森的案例里，1982 年他能够组织起来的员工最多时是 1 000 人左右，即邓迪工厂的员工总人数。但与此同时，实现愿景过程中需要联合的人数，如果算上他的员工、俄亥俄州的同事、主要客户和供应商，至少是亚当森能组织起来的总人数的两倍甚至更多。

亚当森的情况并非罕见。在争取联盟与人沟通的过程中，目标人群不限于某一位管理者，还会牵涉老板、同行、企业其他部门的员工、供应商、政府官员甚至客户。可以说，任何可能帮助实现愿景和实施战略的人，或是可能阻碍以上过程的人，都属于相关人群。

第二，组织活动中和目标人群的交流可能很复杂。在复杂的商场中，帮助人们理解最新计划以及他们在其中所扮演的角色并非易事。但要使人们理解一个在很大程度上改变未来的愿景，则是一项难度远超前者的交流挑战。

这在很大程度上关系到日常工作与非日常工作、做过或正在做的事与新事情的差别。前者与后者相比所需沟通更少，更容易理解，更易于接受。这就好比一个橄榄球队的四分卫试图告诉他的队友接下来两三场该怎么打和他向队友解释在下半赛季用全新的比赛方式打球之间的分别。三场比赛的打法只消十几句话就可以讲清楚，沟通效率非常高，且听众很可能认为信息真实可靠。第二种情况则恰恰相反：由于是在解释一种全新的竞争哲学，需要大费唇舌。可以想象一连讲了好几个小时，都可能没有人理解这些长篇大论。即使理解了，也可能会提出质疑并拒绝接受：橄榄球队是否真正需要新打法？这位四分卫的理论是否可信？

最后，考虑到听众人数众多，形形色色且生性多疑，传达复杂信息的困难程度令人难以置信，尤其是在规模庞大或是地理位置分散的企业里更是如此。美国通用电气公司（GE）总裁杰克 · 韦尔奇（Jack Welch）曾坦言：“毫无疑问，传达愿景本身，以及围绕愿景所产生的对企业氛围的沟通，成为迄今为止我们面对的最艰难的一项工作，过去一直都是，相信未来还是。”[1]

虽然联盟一直属于沟通的范畴，但关键不是为了证明联盟比组织要难，而是说明两者不是一码事（见表 4-1）。如果认识不到两者的差异，就会出现问题。

设想一下，当一个人用组织观念从事联盟活动可能会发生什么。此人很可能将全部注意力集中在员工身上，而且很可能仅仅局限于那些直接向他汇报的人。他可能存在严重的沟通不足，他可能很少努力增加信息或者信息传达者的可信度，而且他的语气很可能是“我是老板，我在下达前进命令”。这一切会导致他将失去所需要的联盟。这样的局面并不鲜见。

表 4-1　为实现计划而形成的用人机制：管理与领导

	管理：组织、配备人员	领导：与员工联盟
主要职能	建立一个执行计划的组织，帮助企业在重要方面（例如成本、交货时间表、产品质量）产生预期结果。	在某一愿景和一系列战略的指引下使人们联合起来，以创造变革，适应不断变化的环境（例如推出新产品和处理劳资关系的新方法等）。
活动简要描述	一个包含合适性判断的组织设计过程：何样的结构最适合此项计划；结构中的每一项工作最适合什么人去做；计划中的哪一部分适合哪个人，因此交给他或她来做；什么样的薪酬体系最适合该计划和有关人员等。	一项重大的沟通挑战：通过与所有能对愿景实现提供帮助和合作的人员进行大量的沟通，帮助他们理解并相信这一愿景及其战略。在沟通过程中尽可能做到表达清楚，令人信服。

成功的联盟过程最明显的特征之一，便是进行了大量的沟通工作。从绝对意义上讲，与管理中的控制方面需要进行的沟通相比，传达的信息量可能并不算大。但对一个用惯了简短命令的听

众而言，这明显已经是大得惊人的沟通量。

20 世纪 80 年代中期，柯达公司复印机业务的制造工程部的转型即是一个典型案例。在转型前，大多数人已经察觉出问题：1984 年，公司需注销的库存额达到了 4 000 万美元，但缺乏一个目标明确的联盟来解决这些问题。

柯达公司于 20 世纪 70 年代早期进入复印机行业，1975 年推出第一款产品。公司专注发展这一行业的尖端产品，销售的机器技术成熟，每台均价 6 万美元。十年间，柯达在复印机业务上不断提高，收入共计近 10 亿美元。但生产成本高，获利困难，问题随处可见。

这一切在 1984 年下半年发生了变化，当时柯达公司董事长科尔比 · 钱德勒（Colby Chandler）根据业务范围重组公司，打破了运营中的庞大职能阶层，对两名来自克拉克森的工龄较久的柯达技术员委以重任，将他们调到新复印产品组。查克 · 特罗布里奇（Chuck Trowbridge）被任命为总经理，而鲍勃 · 克兰德尔（Bob Crandall）负责管理设计制造。

新上任的两个月，特罗布里奇和组内几乎每一位关键成员以及柯达公司其他可能对复印机业务产生重要影响的员工都碰了面，然后他开始与克兰德尔等直接下属勾画确定新部门的发展方向。同样，克兰德尔和经理们一起为制造工程部确定了愿景和一系列实现愿景的战略。他们创建并利用新机制将新的发展方向传达给每个人，使大家相信他们确实是全情投入，希望将愿景变成现实。

制造工程部的愿景实质上非常简单。他们说："如果我们继续干复印机这一行，我们必须踏上世界级制造企业的征途，产品质量、成本和发货准确率都要远远高于目前水平。"经过对愿景一次次的探讨之后，他们又补充道："要达到世界级水平，我们必须采取简政放权的战略，让员工有更多的责任和能力来提高质量、降低成本、按时交货。"

这条信息虽然简单，传达起来却很费事。因为不仅仅是复印产品组，几乎整个柯达公司都认为这与之前讨论得出的结论大相径庭。因此，克兰德尔采用了几十种办法再三强调新的发展方向。他开始每三个月和 100 名下级主管会面，询问已经取得的进展，以及为了获得更好的成效而发起的项目。他还发起组织了季度"部门状况"会议，会上每位经理会和本部门（如存货控制部）的每一位员工讨论类似的问题。此外，他和 12 位直接下属每周开会，并设立了"复印产品论坛"，每月从每个部门选出一名员工，和他组成一个小组就各类问题进行讨论。

同时，克兰德尔和所有直接下属每月都会和本部门员工进行一次茶话会，每次参加的员工达 80~100 人，大家一起喝咖啡、吃甜甜圈，无话不谈。过些时候，他创建了名为"业务会"的会议制度，即开会的时候经理们与 12~20 名员工就具体某一话题进行讨论，如库存和主计划。此项制度的目标是让 1 500 名员工每年至少参加一次这类集中讨论的"业务会"。

除了口头沟通，还要书面交流。每月员工将收到一份 4~8 页的复印产品月刊。此外，克兰德尔鼓励员工利用全公司范围的“对话信”渠道，以匿名方式将任何需求告知他本人和其他经理，且保证回信。不过书面交流最直观有效的形式还是图表。在靠近自助餐厅的主通道上有一些巨型图表，非常清晰地显示出每件产品的质量、成本和运货结果以及对应的难度不断加大的目标。100张缩小版的此类图表分散张贴在整个生产区，表明了具体工作组的质量和成本状况。

在新发展方向的指引下，克兰德尔除了需要寻求上级的支持，还要寻求与柯达设备部结盟。柯达设备部是除了克兰德尔所在的生产工程部之外公司最大的一个机构，是生产工程部目前最大的供应商，生产工程部约 1/3 的部件都源自它们。为了和柯达设备部的管理高层达成联盟，克兰德尔和经理们每周四午餐时间都会与这些高层会面。

所有寻求联盟的方法中，最重要的可能还是在特罗布里奇的支持和帮助下，克兰德尔和经理们反复讨论他们前进的方向、取得的进展和下一步的安排。他们和员工谈，和客户谈，在会议上谈，在过道里谈，他们不愿错过任何传递交流信息的机会。

过了 6 个月，复印机业务状况得到一些改善，一年之后改善更多。这些成功使人们越发相信高层传递的信息，并且帮助越来越多的人加入联盟。再加上克兰德尔和其他经理采取了一系列措施鼓励、认可并奖励那些竭尽全力追求新的发展方向的员工，部门业绩获得大幅提升。

1984—1988年，一种主要系列产品的质量提升了近100倍，每台机器中的不合格处，在花费大笔资金修理之前，从30个降到了0.3个。3年间，另一系列产品的成本降低了近24%。按时交货率从1985年的82%提升到1987年的95%。尽管产品数量在增加，1984—1988年的库存量降低了50%多。而按照每名制造工人生产产品的件数来算，生产力从1985年到1988年可以说翻了一番。

大量沟通、单一信息多次重复、关注所有相关个体和群体，这些都只是卓有成效的领导力的一个方面，但这是领导力的一个重要方面，也是经常被忽视的方面。

克兰德尔在大家都会路过的过道张贴的巨型图表，就是几乎每个成功的领导力故事中都能找到的沟通典范之一。其思想就是找到并利用极其简单的图像或文字强有力地传递信息，这既不侵占已经过度使用的沟通渠道，也不需要大量宝贵的管理时间。

NCR的亚当森也在生产车间使用图表。他的“未来分部”就建在厂里，这强有力地传递了与邓迪不断发展的愿景和战略相关的核心信息。亚当森在工厂的墙上贴海报，通常是以图片形式强调有关发展方向的其他主题。他尤其擅长选用简单的词汇来使复杂的观点好记易懂，如“所有权最低总成本”“快轨发展”“客户拜访计划”等。

美国运通公司的卢·格斯特纳坚持寻找方法将复杂战略精简成几条核心原则。和亚当森一样，他试图寻找简单易记的方法来描述这些原则。

SAS公司的吉姆·卡尔森也在做同一件事。他使用了“商旅常客的航空首选”这一标语，不仅好记，还使人们对SAS公司的新战略有了更为详细的理解。卡尔森的另一句常用语与此有异曲同工之妙，“我们过去以机为本，现在以人为本”。

卡尔森与团队在传达战略时用的另一种方式是向SAS全部两万名员工分发标题为“加入进来奋斗吧”的宣传册。这本宣传册不同于纯粹管理思维下的出版物，不是每页布满密密麻麻的黑色小字，而是每页只有几个清晰易读的大字。很多信息都是通过图片以及卡通画的形式传达，画的内容是飞机在微笑、皱眉、用翅膀遮住眼睛。当卡尔森和团队最初打算印发这本宣传册的时候，他们遭到了经理们的强烈反对，认为这对受过良好教育的员工来说过于简单。卡尔森等人坚持将宣传册分发到每位员工手上，而事实证明这一招确实奏效。

下一章我们将谈到的玛丽·凯·阿什（Mary Kay Ash）更是一位符号沟通大师。作为世界上最成功的化妆品公司之一的创始人，多年来她赋予了公司一种强烈的发展方向意识。用许多不同的方式传达部分愿景和战略，其中最有效的方式都会用到简单的符号。

参观者到玫琳凯化妆品公司的达拉斯总部走一遭，就会看到比真人还大的玫琳凯全国销售总监的照片。这些照片挂在那里，远比一些公司 30 多页长却无人问津的报告更能体现公司的竞争战略。玫琳凯称独立销售代理为“美容顾问”，这一称号表明了玫琳凯的整个销售方式。公司给予成功的美容顾问的奖励之一是 14 克拉大黄蜂造型的金质胸针。公司的每位新员工都会获知胸针造型的由来：由于大黄蜂的身体过大，和翅膀不成比例，理论上不具备飞行能力，然而事实上它又的确能飞。这与公司的精神内涵不谋而合。

约翰·哈维–琼斯成为英国化学工业公司董事长伊始，就决定将高层管理会议的地点打造成一个有形的标志，以彰显他认为公司上下应有的新风格。在他之前，英国化学工业公司的高层会议通常是在宏大、正式而豪华的董事会议厅召开。很快，他将所有会议改在他的办公室举行。房间里摆放了舒适的椅子和翻页挂图等实用物件，撤走了所有象征仪式和等级的东西。

1981—1982 年，当惠普公司在帕洛阿尔托（Palo Alto）修建总部时，管理高层将建筑设计发挥到更为极致的地步。为了强调惠普的战略是运用专业知识和可靠信息而非职级头衔来做出关键决策，他们弃用了传统办公室布局，而是让包括总裁在内的大楼里的每一个人，都拥有一间开放式办公室，室内没有从地板直抵天花板的墙壁。

谈及这种为争取联盟而进行的沟通，也许最有名的天才当属罗纳德·里根（Ronald Reagan）。即使一些人认为他不是一位称职的总统，但不可否认他在传达美国愿景的时候很有一套。这种沟通的关键在于他极其有效地使用了短语、符号、简单隐喻和图片。通过这些手段，他可以在 10 分钟的电视讲话和演讲中传达普通人至少需要一个小时才能表达的内容，可谓极其高效。正是这样的能力使得他无论是在朋友还是敌人眼中，都是一位“伟大的传达者”。

信息可能通过文字或是精心挑选的符号传达，不过理解信息并不一定意味着接受。领导力的一项重大挑战就是解决可信度问题，即如何让人们相信这些信息。

可信度与很多东西相关，信息传达者的业绩记录对信息的影响力及与当时形势的相关性来说至关重要。同样重要的还有信息内容本身，因为它决定了这条信息的合理性。领袖人物经常会指出威胁或潜在威胁，使其愿景中的风险和牺牲看起来合理。就诚实可靠而言，发出信息的群体的声誉和人际关系很重要，同理，传达者的言行一致也不可轻视。

言行不一致将最直接、快速地摧毁信息的可信度。人们通常认为行动胜于雄辩，结果会发现有效领导过程中关键人物的行为与其传达的信息之间保持高度一致。第 7 章中宝洁公司高管迪克 · 尼科洛西（Dick Nicolosi）将其称作“说到做到”。

美国运通公司的卢 · 格斯特纳在开管理委员会会议时有个习惯，总要问某些具体的提议和行动为何适合或者不适合旅游服务机构的愿景和战略。据说，员工和他在办公室交谈时，如果谈话内容与他牢牢把握的公司发展方向无关，他就会很不耐烦。从更广泛的意义上说，他创造了一些自己带头积极参与的活动，将愿景和战略例证化，其中最具影响力的当属“了不起的表现者”活动。

从 1980 年起，“了不起的表现者”就成为一项员工认可的活动。旅游服务机构愿景中的宗旨就是服务客户，任何员工如发现出色的服务客户案例，可向选拔委员会提名该案例的服务者。选拔委员会共由 60 人组成，1987 年被分成若干地区选拔组。委员会收到提名后对每位候选人展开调查，选出符合一定优秀标准的人选，那年共选拔出 129 人，优胜人选的完整资料随后送交全球理事会。1987 年，理事会由旅游服务机构的 8 位高级官员组成，主席是奥尔多 · 帕波普（Aldo Papope）。他们选出终极大奖获得者，1987 年一共是 26 人。普通奖得主将获得一块纪念牌、一定数量的奖金和一个刻有“GP”[①]标识的金质饰针以及获奖者所在地区选拔组主席的一封推荐信，所有奖品通常由获奖者工作地的高管颁发。终极大奖得主除了纪念牌和金质饰针之外，还将获得一张价值 4 000 美元的美国运通旅行支票和一次公费赴纽约旅行的机会。

林登 · 迪恩（Lyndon Deane）和卡丽 · 李 · 刘易斯（Carrie Lee Lewis）是 1987 年终极大奖中的两位得主。林登时年 23 岁，在多伦多电话服务中心工作；卡丽当时 27 岁，供职于加拿大萨斯喀彻温省的旅游办事处。他们获奖的理由是为一位急需帮助的美国运通卡客户提供了优质服务。这位客户的儿子在巴西遭遇意外事故，受了重伤。当卡丽了解到客户碰到的麻烦时，果断做出安排，将资金从加拿大转移到巴西应急。当客户决定把男孩带回家

① GP 是“了不起的表现者”（Great Performer）的英文首字母缩写。——译者注

接受治疗时，卡丽为他们安排好所有航班。加拿大航空公司坚持要一位护理人员随机照顾这名男孩，但航班起飞前夜，这名护理人员发现他需要办理签证。林登先是神奇般地在周六拿到了这名护理人员的签证，之后又亲自开车将护理人员送到机场。

波多黎各服务中心的米尔德里德·阿森西奥（Mildred Asencio）和她的 5 名同事也是获奖者。她们自发地在跨年夜设立了一个美国运通服务台，帮助杜邦广场宾馆大火的受害者。来自菲尼克斯的谢利·克兰（Sherri Kline）因帮助警方逮捕一个涉嫌欺诈有精神缺陷的年长顾客的嫌疑人而成为获奖者。来自黎巴嫩贝鲁特的阿明·希蒂（Amin Hitti）则因多次不顾个人安危服务客户获奖。

卡丽、林登、阿明和其他获奖者同游纽约称得上是一件盛事。他们在豪华宾馆入住，在百老汇看戏，在米其林就餐，并参加在世界金融中心的美国运通塔顶层举行的、由旅游服务机构高管主持的午宴，席间还获得了其他奖励。

1987 年终极大奖获得者的午宴于 1988 年 2 月 23 号中午 12 点到下午两点 15 分之间举行。午宴先从鸡尾酒招待会开始，紧接着是精美的午餐，最后是颁奖仪式。8 位旅游服务机构的管理高层出席了颁奖仪式，讲述了两三个有关获奖个人或团队的“了不起的表现者”的故事，并为他们颁奖。现场响起阵阵掌声，不少人感动得热泪盈眶。格斯特纳用简短的讲话结束了整场仪式，他说他的经理们刚刚举行了一个意义非凡的纪念派对，庆祝他和旅游服务机构一起走过第10个年头。在派对上他获得一枚和现场各位一样的纪念牌。他表示这是一份荣誉，并为之自豪。

整个活动对这26名获奖者来说无疑是一种激励。但当这项仪式的新闻通过简报、讲话和闲谈在整个旅游服务机构传开后，这项比赛就成为使成千上万名员工结成联盟的强大力量。这项比赛所传达的信息明确而有力，即当高管们谈到希望在客户服务方面做得比任何竞争对手都好的时候，他们的态度无比坚决、认真。

大多数企业中，有力的信息总是通过高管的行为加以传达的。不幸的是，与旅游服务机构的情况不同，高管传达的信息通常并不能帮助人们理解并支持未来某一发展方向，人们接收到的信息经常是要么传达的内容缺乏愿景和战略，要么发现其实高管们并不打算真正实现要求员工为之奋斗的愿景和战略。以上两种情况的影响都是致命的。

企业难以适应市场或技术变化的一个原因就是太多员工产生了一种无力感。他们从过往的经验中学到，即使他们正确地觉察到重大的外部变化，然后积极地采取适当的行动，也会由于领导看不惯他们的所作所为而容易受到责难。责难的形式有上百种，比如“这样做违背政策”“我们不能承受这样做的代价”“闭嘴，做你该做的事”，等等。

联盟通过至少在两方面授权[2]来帮助解决无力感的问题。第一，当一个清晰的发展方向传达到整个企业的时候，职级较低的员工就可以采取行动而不会轻易受到诸多责难；只要他们的行为和愿景一致，上级就不可能对他们横加指责。第二，因为大家目标一致，个人提议之间的冲突导致计划搁置的可能性将减少。

在一个相对稳定的环境中，获得授权的人所做的贡献相对有限。但在一个急速变化的环境中，这些获得授权的人将成为无价之宝。这正是联盟（见表 4–2 总结）在今天如此重要的另一个原因。

表 4–2　达成联盟

联盟	指一群彼此相关的人对某一愿景和整套战略达成共识，承认发展方向的有效性并愿意为之奋斗的一种状况。
达成联盟	尽可能地向能够提供帮助的人或合作方（包括直接下属、下属、老板和供应商等）反复传达发展方向；传达过程中尽可能使用简单的图像、符号或隐喻加强沟通的有效性，这不需要侵占已经过度使用的沟通渠道，也不需要大量宝贵的管理时间；多措并举增加信息的可信度，包括发动具有良好业绩记录和工作关系的传达者，以尽可能合理的方式传达信息，确保传达者言行一致，证明对既定愿景和战略全情投入（所谓身体力行的领导力）。
潜在影响	达成联盟的人具有朝着某一愿景取得进步的潜力。

第 5 章

激励

在努力创造重大变革时，即使是朝着最合理的发展方向达成联盟的群体也总会遇到巨大挫折，其中不少是事先难以预见的。这些拦路虎可能是经济方面的，如突然急需 100 万美元，却无从弄到手；也经常是官僚主义或政治方面的，如某个政府职能部门拒绝加急办理，仍是按两个月的正常周期办理。

不管是避开路障还是迎难而上，创造变革都需要超凡的精力和诸多付出。要想迅速获得 100 万美元，可能需要整夜工作并具有突破常规的想象力。要想让一个难打交道的部门在一周而不是两个月内回复，也需要有人做出非同一般的努力。事实上，即使在发展方向非常合理、相关群体也达成联盟的情况下，如果缺乏高度激励的行为，上述障碍也会中断或是大大延迟变革的进程。

由于领导的首要职能是创造变革，通过高度激励使员工全情投入到创造变革的过程，其实和拟定发展方向以及达成联盟一样重要。从某种意义上说，定向指出了一条适合企业发展的道路，有效的联盟使人们沿着这条道路前进，而成功的激励则确保这些人有足够的能量来克服沿途的路障。

要理解领导范畴下的激励，不妨再看看管理。因为激励也是管理范畴下的一个相关话题。但管理中的激励和领导中的激励非常不同。

管理的基本功能是维持内稳态，即通过确保关键变量一直保持在容许范围之内，从而使系统充满活力[1]。因而，控制人体的复杂机制能日复一日地让温度保持在接近98华氏度[①]的范围内。类似地，在一家经营状况良好的工厂，管理过程使产品质量一直保持在可接受的范围内；同样，在一个运营得当的市场部，管理过程能确保项目一直符合或是接近预算。

控制是任何实现内稳态过程中的重要一环。目标和达成目标的系统确立之后，一套控制系统随即形成，可监控计划的实际完成情况并能在发现偏差时及时采取行动。对一家管理有方的工厂来说，制订计划的过程确定了合理的质量目标，组织过程建立了实现目标的体制，而控制过程可以确保质量偏差能被立即发现并得到纠正，而不是30天或60天后才暴露。对一个管理有序的市场部来说，一旦项目超出预算，就会得到纠正。

管理中实现控制的方法之一是“激励”人们遵守标准或计划。这通常以经济刺激来实现，对那些将偏差（至少是不利偏差）降至最小的人给予一定奖励。有时在管理中还会用更为非正式的手

① 98华氏度约为36.67摄氏度。——编者注

段实现控制，例如群体规范和压力。但无论采用哪种方式，最终目标都是为了实现控制。

基于同样的原因，控制对管理来说非常关键，而高度激励或鼓舞的行为与管理几乎显得毫不相干。因为管理过程要求持续产生预期结果，所以必须尽量做到规避风险、万无一失。这就意味着管理过程不能基于超常或是难以实现的目标。因此，一个好的预算过程不需要爱因斯坦来管理，一个良性运转的人事部也不必每周一次通宵以完成日常工作。从某种意义上说，整个管理系统和架构的目的就是帮助普通人日复一日地用常规的方式顺利完成日常工作，既不激动人心也不吸引人，但这就是管理。

领导则不同。要克服障碍实现远大愿景，就需要不时爆发出惊人能量，明确的动机和激励过程能带来这种能量。这些过程通过满足人最基本的需求，比如成就感、归属感、自尊心被认可和掌握命运带给人能量，而不是通过控制机制迫使人们不偏离正轨。这些过程强烈而深刻地感染着我们并激发我们做出最强有力的回应。[2]

领导范畴下的激励可以通过很多不同的方式体现出来，更通常的手段包括：（1）阐述愿景时充分强调听众的价值，使他们获得尊重感；（2）让员工充分参与决策过程，决定如何实现与他们密切相关的愿景或部分愿景，使他们获得掌控感；（3）积极支持员工为实现愿景而做出的努力，为员工提供指导、反馈以及树立榜样，帮助他们提升专业水平，增强他们的自尊心；（4）对他们取得的一切成功公开表彰嘉奖，给予员工认可和关爱，培养出员工的归属感和成就感。

从某种意义上说，当做到上述这些时，本身就具有内在的激励性。

以上 4 种手段都可以在NCR的案例中看到，在旅游服务机构、SAS和柯达的案例中也详尽描述了其中的手段。这 4 种手段带来的强大能量帮助亚当森、格斯特纳、卡尔森和克兰德尔克服了横亘在愿景和现实之间的巨大障碍。尽管从方式上看这些手段和管理中的控制完全不同，但这些手段对产生重要成果来说却是至关重要的。

管理中的控制过程力求将计划执行过程中的偏差最小化，从而带来稳定一致的结果。而领导范畴下的激励过程则试图将能量输出最大化，从而克服变革过程中的障碍。前者谨慎而保守，后者果敢，甚至可能鲁莽。控制行为纯粹受大脑理性驱使，而激励则常常发自内心。前者注重表面行为及其带来的结果，后者强调对灵魂最深处的触碰。两者均非易事，所有企业组织对它们的需求越来越迫切，不过两者有很大的区别（见表 5–1）。

表 5–1　管理与领导的执行

	管理：控制和问题解决	领导：激励和鼓舞
功能	将计划执行过程中的偏差最小化，因而有助于企业在重要领域取得预期结果。	激励人们克服实现愿景过程中的巨大障碍，因而有助于产生应对环境变化所需的变革。
活动简要描述	通过正式和非正式手段较详细地监控计划执行的情况，采用报告、会议和其他控制机制来确定计划执行中常被称作“问题”的偏差，然后制订计划并组织人员解决这些问题。	满足个人非常基本而又常被忽视的需求——成就感、归属感、认可感、自尊心、掌控感以及实现理想的需求，从而激发出个人极大的能量。

这一切似乎再清晰不过，但一些人却视而不见。如果一个人在社交中只是用管理的方式来思考和行动，那么他获得的“激励”确实难以激发出自身巨大的能量。通过高度控制的方式实施激励，激励者会试图让被激励者加倍努力以精准地完成激励者日程计划上的事，并且采用胡萝卜加大棒的方式，一旦被激励者做的事在激励者的计划之中，激励者就会微笑或是表扬；相反，如果被激励者的做法不合意，激励者就会皱眉或采取惩罚措施。激励者会特意安排会议，假意询问各方意见，然后加以反驳，直到大家的意见完全符合早已制订好的计划，这些过程被美其名曰“参与式激励”。激励者会提供额外的金钱或其他奖励，但总是附加了很多条件，旨在引导被激励者的行为完全契合激励者的期望。

在天真的被激励者身上，这种激励方式能短暂地激发他们的热情，但也仅此而已。从长期角度考虑，这种方法注定失败。在被激励者眼里，激励者的行为等于高度操纵他人，他们会对此产生强烈憎恨，反过来会打消被激励者的积极性。

通常情况下，这类激励者根本不会尝试鼓舞他人[3]，他们认为鼓舞是爆发式的，不好控制。正因为如此，他们可能会对是否应该激励他人和是否需要激励他人心存疑虑，也就更谈不上能理解如何有效地激励他人。

所有这一切意味着这样的人将会觉得玫琳凯化妆品公司这类企业的运作很不可思议。

玛丽·凯·阿什[4]于 1963 年创立了玫琳凯，到 1989 年该公司已发展成为全球首屈一指的化妆品公司。其成功的核心是高度激励的销售体系，主要由女性员工组成。她们既销售产品，也负责招聘并培训其他销售人员。很多公司都认为自己拥有积极上进的销售团队，但只要在玫琳凯召开年会的时候到达拉斯走一遭，就不难发现很少有公司真正拥有这样的销售团队。

1988 年夏，近 32 000 名玫琳凯的美容顾问和销售总监纷纷自费来到达拉斯[5]。她们有一次一同来了 8 000 人，这是年会能容纳的最多人数。此行的目的是相互学习、领取奖品、获得鼓舞，一起度过一段开心的时光。通常销售会议会比较热闹，引人瞩目，玫琳凯的年会也不例外。无论是在宾馆还是市中心的商店，到处可见玫琳凯的员工。甚至在抵达和离开达拉斯的飞机上，也能听到她们的欢歌笑语。要知道，通常销售聚会让旁观者心生厌恶，因为与会者会喝得烂醉，举止粗鲁不堪。但玫琳凯的年会是个例外。

在玫琳凯的销售大会上，员工们是发自内心地高兴。他们生机勃勃，热情高涨，充满了积极向上、感染人心的强大力量。看到他们，你会禁不住微笑，会激动不已。他们似乎可以征服世界，部分人也的确做到了。尽管在直销和建立直销渠道的过程中会遭遇各种艰难险阻，但加入玫琳凯的女性比全球任何一家公司的女性都要多，她们的年收入超过 5 万美元[6]。

3 天的年会安排得相当简单，研讨班占用了大部分时间。与会者将了解公司及产品，并学习销售、招聘新人才、培训新人并激励他人。会议还包括大量的互动环节，其间似乎奖品不断。除研讨班之外，还有重要的活动颁奖，当晚销售业绩最好的美容顾问将被授予最高奖项。销售之夜，公司将颁发数以百计的奖品，不管奖品是否昂贵，颁奖的时候都会伴随着雷鸣般的掌声，取得巨大成功的普通员工还会发表打动人心、令人鼓舞的感言。这样的夜晚，只要不是最愤世嫉俗的人，相信在现场都会感动、心跳加速并泪眼蒙胧。

举行盛大年度颁奖仪式的想法并不新奇，但颁奖之夜的风格和细节是玫琳凯所特有的。玫琳凯的过人之处在于随时和员工保持通畅的联系，而不仅限于年会期间。在玫琳凯，管理层每年会花 365 天努力唤起他们认为大部分员工身上尚未被激活的“90%”的热情。以今天的眼光来看，他们采取的诸多方式非常朴实和简单。

他们会给每一位员工寄生日贺卡。当员工向他们提出想法或是反映问题的时候，他们会发自内心地倾听。当他们承诺做某事时，通常会及时去做。如果一名员工表现不佳，他们会尽力帮助这名员工提升，如确无提升的可能，也会帮助该员工在公司内部或其他地方找到一份更合适的工作。

他们对自己的事业充满热情，给人的感觉是他们相信公司及其愿景，并对此深感自豪。他们由衷地喜欢彼此，会频频组织活动让大家聚在一起高歌。

玫琳凯的高层以身作则，并组织论坛，让更多的高级销售总监或美容顾问能成为其他员工的榜样。她们还常常想办法请成功人士和员工分享自己的经历。有些故事确实很不寻常，比如在创业之初没有资金，希望渺茫，但最终取得了成功。（企业的领导过程产生的最大变革就是改变了员工的生活。）

他们做好一切实际工作帮助员工取得成功。销售总监会带着新员工，帮助他们迈出第一步，设定切实可行的目标，给他们提供培训和指导。公司设立美容顾问这一岗位，目的就是为了让员工尽可能地掌握自己的命运。

即使非年会期间，他们也会为表现出色的员工颁奖。不管是在年会还是其他场合，颁发的奖品通常都是员工真正渴望并珍惜的高级货：一辆豪华轿车、一次乘坐协和客机的欧洲游、一件漂亮的珠宝。他们几乎总在公开活动上颁奖，发自内心地恭喜获奖者。

这一套做法在很多方面看起来都是彻头彻尾的老派行为，但非常奏效，因为它满足了基本的人类需求。玛丽·凯·阿什和她的管理团队都知道，人人希望能自我感觉良好，但常常未能如愿，这是因为很多基本的人类需求未得到满足。他们也知道，如某人或某公司有办法满足这些需求，那么普通人也常常可以变成干劲十足的“发电机”，因此而发挥的心理作用就好比是给一个饿得走不动路的人一顿搭配适宜的丰盛大餐。

玛丽·凯完成这一切的方式看似自发随意，实则不然。这一切背后是一套相当系统的方法：他们不断用激励的方式向员工传达公司的愿景；责任落实到每位员工，帮助员工履行自己的职责，避免做出挫伤员工积极性的事情，真正赋予员工追求愿景的能力；认可并嘉奖员工的每一次成功。这套方法带给员工自信、自尊、成就感和归属感，让员工感觉自己在掌控命运，在为一份值得的事业而奋斗，由此产生无穷的力量会帮助其克服工作中不断遇到的挫折。

这套方法在很大程度上是玛丽·凯所独有的，但实际上运用这套方法的远不只这家公司。无论在哪里发现体现卓越领导力的例子，你都能从中发现一些玫琳凯现象。玫琳凯现象经常集中出现，是因为变革过程中的障碍通常在时间和空间上比较集中，但此现象确实存在。当你发现真正非凡的领导力时，你将发现很多玫琳凯现象。

沃尔玛（Wal–Mart）即是很好的例子。这家了不起的公司在 20 世纪 90 年代初已成为全美第二盈利的零售商，尽管其发展历史尚不足 30 年[7]。它击败了上万家小型零售商以及K-玛特（K-Mart）、泽里（Zayre）、便士（Penney's）和其他几十家大型零售连锁店，由此脱颖而出。它的成功归结于很多方面，但最重要的莫过于对员工的激励。该公司员工的干劲令人惊叹。沃尔玛具有良好的管理和出色的领导，公司对玫琳凯现象的理解在今天的美国大公司中都是极为罕见的。公司客户、员工和股东都获得了丰厚的报酬。

相较玫琳凯和沃尔玛，肯德基（KFC）更典型地运用了这一套基本的激励方法[8]。总裁迪克·迈耶（Dick Mayer）正是采取了这一套激励方法，将一个业务不断缩减、1978年年收入仅为15亿美元、存在诸多问题的公司转变为一个持续发展盈利的企业，1988年年收入几乎达到了50亿美元。

肯德基的历史可以追溯到1939年，当时哈兰德·桑德斯（Harland Sanders）上校在肯塔基州科尔宾自家的餐厅出售用独门秘方包括11种草药和香料烹饪而成的炸鸡。1955年，哈兰德·桑德斯成立股份有限公司，获得上校炸鸡秘方的特许经营权。直到1964年哈兰德·桑德斯将企业卖给一群投资者的时候，已经发展到600家门店。1971年，霍博莱因（Heublein）获得所有权，连锁餐厅成为一个主营伏特加的公司下属分部，餐厅开始面临越来越多的问题。为了扭转局面，霍博莱因派迈克·迈尔斯（Mike Miles）和迪克·迈耶[9]负责管理肯德基，这两个人在包装食品方面都有相当的经验。10年之后，新的管理团队阻止了下滑趋势，打下了良好管理的基础，并开始创新以谋求更为有利的发展。

公司历史上一段始于1985年的插曲，充分揭示了肯德基克服曾让很多企业发展停滞减缓的障碍的原因所在。当时迈耶完全明白，要实现他的愿景，建立一个不断发展、盈利额持续增长的企业，就必须开展强大的午餐业务，吸引更多的年轻顾客。那年发生的一些事情让他开始学习其他连锁餐厅在午餐业务方面的做法。他看到的一切让他备受鼓舞，于是他要求市场调研专家哈里·桑恩夏因（Harry Sunenshine）展开更为正式的调研。1986年1月，迈耶和桑恩夏因碰面并交换各自的分析结果。

搜集的所有资料中有两点引起了他们特别的关注。世界上最成功的快餐连锁是麦当劳，对年轻人来说尤为如此。在麦当劳，53%的汉堡包收入来自一种产品：不是价钱相对昂贵的巨无霸或是双层芝士堡，而是最便宜的单层汉堡。另一家成功的地区性连锁快餐店白城堡（White Castle）有 225 家门店，尽管只出售一种 29 美分的三明治，平均每家门店的收入却与麦当劳相差无几。还有其他资料显示别的连锁餐厅也采用了这种模式，即用质优价廉的三明治吸引顾客，尤其是年轻顾客。这使迈耶和桑恩夏因得出结论，认为生产廉价的鸡肉三明治很可能是建立午餐业务的首要渠道，然后再生产其他不同价位的三明治。他们还明白，对于一家没有引进新产品的成功先例的公司，以及对于一个讲究迅速模仿的行业而言，实现这一模式最好的方法是暗地里迅速进行。

接下来的一周，迈耶分别会见了分管采购制造的副总裁埃德·达德利、技术副总裁菲尔·鲍克特、肯德基美国连锁店总裁唐·多伊尔和战略计划副总裁罗杰·克雷默。他还与家禽肉类行业巨头——泰森公司（Tyson）的副董事长谢尔比·马西接洽联系。每次会谈，迈耶都要长篇大论地阐述他的主张：为何此时是开展午餐业务的大好时机，一旦成功，将大幅提高销售额和利润率；通过对快餐店三明治和午餐业务的分析，得出了什么结论；为什么他们应当开发一种全新的价廉物美的三明治产品以吸引顾客来此就餐。他还谈到了他的信念：相信这一项目将是肯德基历史上激动人心的重要一章，将开启一个更加注重创新的时代。每次会议结束，他都要强调在座每一位对这一项目而言的至关重要性：达德利负责与供应商打交道、开发鸡肉馅饼、小圆面包和餐馆需要的新设备；鲍克特负责各家门店的技术操作和总体产品开发；桑恩夏因负责市场地位和战略发展所需的竞争调查研究；马西负责利用泰森公司在家禽业的专长来协助项目实现。迈耶还特别强调该项目的保密性，将其称作“X项目”，甚至要求他们对自己的秘书也不得透露风声。

接下来的一个月，在一贯满怀热情的迪克·迈耶的督促下，所有这些高层都开始实施X项目中各自负责的部分。此外，这个秘密团队又多了几位新成员，包括霍巴特厨具制造公司的总裁比尔·戴维斯、肯德基的首席工程师约翰·贝勒特和贝勒特的下属帕特·哈登。迈耶还向母公司的董事会做了简要汇报。每次汇报时，迈耶的表述都逻辑严谨，谈论各种可能性时满怀热情，加上他在肯德基已有的良好口碑，使得一切都极具说服力，大部分员工很快成为他的“信徒”。

迈耶与团队的每位成员都保持着紧密的联系，并鼓励他们在需要额外帮助或资源的时候随时找他。在他的鼓励和支持下，1986年3月，霍巴特、泰森和肯德基的员工们解决了不少技术难题，产品和设备的开发飞速推进。与此同时，迈耶与扬罗必凯–纽约（Young & Rubicam-New York）公司的董事长约翰·麦加里（John McGarry）一起设计产品名称和广告文案。发展的势头一旦形成，参与者的激情随即被点燃。月末，迈耶在肯德基全国特许经营会议上卖了个关子，宣布他们正致力于开发一种重要产品，称该产品具有超出现有业务范围的巨大发展潜力，但却对细节缄默不言。

4 月 8 日，他们完成了第一版广告文案，采用的名称是“小鸡仔”（Chicken Littles）,并送交埃德 · 达德利审查。不幸的是，肯德基总顾问史蒂夫 · 厄尔利（Steve Early）迅速调查之后，发现这一名称已被另外两家公司注册。迈耶和麦加里认为这一名称非常好，不能舍弃，于是拨给达德利一笔预算，告诉他不论有多困难，都必须把名称所有权弄到手。在此期间，他们进一步明确了鸡肉馅饼的生产过程和对小圆面包的要求，霍巴特公司开发出一种烤盘，并在哥伦布、俄亥俄、夏洛特和北卡罗来纳等地就烤三明治进行了市场调研。

5 月 15 日市场调查结果出来了，不过并不理想。迈耶根本不允许大家有泄气的时间，他立即向桑恩夏因和鲍克特提出一项挑战性的任务，请他们研究调查资料并发现更好的产品。这两人照办了，并开发试验了一系列替代产品。在所有试验品中炸三明治尤其不错。迈耶得到食品技术专家G. V. 劳博士的帮助，进一步开发此产品。

6 月，迈耶向母公司的董事会正式展示了X项目。7 月，他会见了选举出来代表特许经营商的两个小组，向他们简述了整体情况，并请他们发表意见和评论。8 月，又有一些人加入项目组，每个人都开始承担不可或缺的具体任务。

9月，团队发现沃尔肯哈特公司出售的一种设备可以制作“小鸡仔”系列产品。在发现初次筛选的产品有问题之后，他们更换了小圆面包的供应商。10月，他们在一家店里准备好产品和设备并进行测试。11月，他们将30名特许经营商召集到路易斯维尔，花了一天时间给这些经营商介绍了X项目的相关情况。12月，他们打算在路易斯维尔地区的22家门店推出“小鸡仔”。“小鸡仔”于1987年1月的第一周如期与顾客见面。大多数顾客都很喜爱这一产品，这让参与开发产品的所有人都高兴不已。

迈耶竭尽所能地邀请更多的特许经营商来到路易斯维尔，让他们亲眼看到公众对新开发三明治的反应。来访者近50人，其中包括一些最具影响力的人物。迈耶和其他肯德基的高级职员亲自带领他们在午餐时间到路易斯维尔的门店察看产品的销售状况，看着络绎不绝的顾客和令人兴奋的热销场面，每一个离开柜台的人都是兴高采烈的，尤其是那些通过辛勤工作使“小鸡仔”成为现实的人。

2月，团队将更多时间花在与供应商们讨论后勤服务事宜上。泰森公司正试图提高鸡肉馅饼的生产能力。鲜花面包店（Flowers Bakery）也改进并加强了在加利福尼亚州夫勒斯诺市、德克萨肯纳市、田纳西州莫里斯镇、亚特兰大和奥兰多等地小圆面包的生产。阿马纳公司（Amana）生产餐馆所需的微波烤箱，德尔菲尔德公司（Delfield）生产三明治桌，沃尔肯哈特公司生产油炸锅。

3月，迈耶、多伊尔、桑恩夏因、鲍克特和达德利向他们新任母公司董事长韦恩·卡洛威（Wayne Calloway）介绍项目情况（在此期间，肯德基已被卖给百事可乐公司），请求总部拨款 600 万美元经费支持项目。卡洛威对此做出积极回应，表扬了他们所付出的努力，并拨给他们所需的项目经费。

4 月，特许经营商在路易斯维尔召开年会，这的确是一件大事。迈耶阐述了开发“小鸡仔”的设想并将测试结果告知与会者，还向他们展示了产品的广告设计，介绍了参与X项目开发的主要成员，包括所有重要供应商的代表。这次展示效果卓有成效，特许经营商们都很喜爱这一产品。展示之后，迈耶希望他们赞助新三明治在全国范围内的广告推广。会上按惯例进行了投票，结果 90% 的人都投了赞成票。

5 月，肯德基技术人员开始培训特许经营商们使用新设备并生产新产品。他们长时间工作，走遍了公司分布在全美各地的 4 000 多家门店。到 8 月份培训任务结束后，唐·多伊尔在路易斯维尔为他们举行了一个大型晚会，席间培训师们向迈耶和其他人分享了过去几个月中自己最喜欢的亲历故事，其中一些引人发笑，这的确称得上一场成功的庆祝会。

到 8 月 8 日，已经有 97% 的肯德基门店在出售“小鸡仔”。在一个需要两到三年才能推出一种全新产品的行业中，肯德基只花了 18 个月就做到了。这是一个充满活力的团队，他们以惊人的速度克服了无数技术、经济、后勤、法律和政治方面的障碍。

亚当森也一定会为他们感到自豪吧。他们沿袭了亚当森的快轨发展思想，并成功地运用在快餐业。

短时间的激励并不困难，一场危机或是某一个精心策划的特别活动就能暂时起到激励作用。但要在更长时间内达到持续激励的效果，则困难很多，对瞬息万变的商业环境来说更是如此。

要达到长时间的激励效果，首先要反复持续地传达愿景和战略，而不是仅仅一次或是偶尔为之（迈耶起码就他的“我们认为此乃从事新午餐业的大好时机”这一主题做了不下上百次演讲）；这种沟通传达不仅仅止于告知，而是必须融入人们的价值观中，点燃他们的激情（从迈耶与鲍克特和多伊尔的第一次谈话到一年后在特许经营商的年会，通常人们在离开时不仅理解了他的设想，而且对愿景充满了激情）；人们必须真正愿意参与愿景的实现，而不是受人操纵（迈耶总是给团队成员很大的灵活度，相信他们的执行力）；在需要时提供适当的帮助，让人们能成功地朝着愿景努力（在迈耶的案例中，他鼓励人们在需要帮助时随时来找他，总是为他们提供必要的经费和人力支持，用巨大的热忱鼓舞大家前进，并处处树立领导的模范带头作用）；此外，奖赏和认可必须是真心诚意的（在肯德基就是这样，如日常鼓励、在特许经营商大会上表彰取得的成绩、为奔赴各地开展培训工作的技术人员举办答谢晚会等）。

领导有方的公司同样深谙此道（见表 5–2），但今天这类公司数量甚少。

表 5-2　关于激励

获得激励的群体	一群展现出远超正常水平的精力、强度和决心的人。成功的领导力能使这种激励水平保持相当长一段时间。
激励过程	满足人们的基本需求，包括成就感、归属感、自尊心，以及让员工觉得自己获得认可，能掌握自己的命运并实现自己的理想。采用的方式有：（1）通过强调传达对象在实现愿景的过程中的核心价值，反复而明确地阐述愿景；（2）让员工参与到关于如何实现愿景或是部分愿景的决策；（3）通过指导、反馈、树立行为榜样和大量的热情来支持员工工作；（4）公开真诚地认可并奖赏员工取得的所有成功。
潜在影响	一群在同一方向上达成联盟并获得高度激励的人们能克服前进道路上的重大经济、官僚和政治方面的障碍。

3

领导力结构

第 6 章

多重角色

当我们思考领导力这个话题时，通常会想到一个领导者。两者之间有着直接的逻辑联系，即一个大多数人都信任的个人才拥有领导力。这个因果模型中的领导结构（即所涉及的角色和角色的相互关系）极其简洁，只有两个角色：领导者和拥护者。这两者在整个领导过程中的相互关系几乎都是等级关系：领导者确定方向，拥护者朝着这一方向达成联盟，获得激励并付诸行动。

这种将领导结构概念化的方式很受欢迎，因为它似乎简单有力地解释了许多情况。如第 2 章中亚当森的案例，看起来显然符合这一模式。旅游服务机构和SAS公司的例子，李·亚科卡扭转克莱斯勒公司不利局势的案例，以及无数其他相对没那么有名的案例也能印证这一模式。但表面现象往往具有欺骗性。透过表面探究不难发现，这一简单模式不能很好地解释大环境中的领导情况。后者往往涉及两个以上或更多的角色[1]，不同领导者和拥护者之间的关系也更为复杂。

再进一步探究就会发现，即使在一个相对较小的环境，这一基本模式也不能解释一切。比如说，它并不能解释亚当森案例的全部。假设适用的话，亚当森在 1986 年 1 月—1987 年 6 月离开邓迪期间，他创造的领导力就理应瓦解。然而事实并非如此，领导力或许有所减弱，其具体形式或许有所变化，但并没有瓦解。

要想理解复杂组织中的领导，欣赏其展现自身的方式是至关重要的。而这种方式在结构上颇为复杂。理解了这一点，能给希望提升企业领导力的人们以有用的实践启示。

大西洋里奇菲尔德公司在 20 世纪 80 年代凭借“重建项目”大获成功的经典案例，就不符合“一位领导者加上众多拥护者”模式。[2]

大西洋里奇菲尔德公司是一家以洛杉矶为基地的能源公司，由颇具传奇色彩的石油企业家罗伯特 · 安德森（Robert O. Anderson）创建。“重建项目”指 1982—1986 年采取的一系列措施，那相当显著地改变了公司的经济和财务状况。商业周刊赞同许多观察家的看法，称此方案为“近年来最大胆的此类举措之一，并获得了巨大成功”[3]。

最引人注目的是 1985 年 4 月 29 日出台的一揽子重建措施。当天，大西洋里奇菲尔德公司的管理层向世界宣布，他们要出售几乎全部安纳康达铜业公司（Anaconda Copper）以及密西西比河以东的所有炼油和市场营销资产，此举要注销 15 亿美元，但可割弃长久以来收益欠佳的业务。他们还决心在保留下来的业务中开展大型降低成本运动，回购价值 40 亿美元的本公司股票。

总体方案还包括至少 5 个不甚显著的方面。其中一个举措于 1984 年 8 月实施，当时公司注销了 7.5 亿美元，主要与抛售部分的铜矿业有关，并回购了价值10亿美元的股票。另一个举措是同年合并改组了休斯敦炼油化工厂，更名莱昂戴尔，成为相对独立的石油化工公司。第三个举措是在1985年年底，管理层出售了一些美国石油生产的边缘资产。

1982—1986年，大西洋里奇菲尔德公司的最后一些重建举措是将重心逐步放在美国西部油气的精炼和销售上。这些举措包括于1982年4月废除汽油信用卡，大胆地将加油站改成自助加油站，并在边上开设上午或下午营业的迷你杂货店。此外，公司做出上千次小调整，在不涉及重大资本投资的前提下增加洛杉矶和华盛顿炼油厂的产量。所有这些措施使大西洋里奇菲尔德公司得以降低售价，从而增加了美国西部的市场份额，从1981年的第四位跃升为1988年的第一位[4]。

这一切重建措施使公司的面貌焕然一新。重建之后的大西洋里奇菲尔德公司规模缩小，业务更集中，效率进一步提高，在油价远低于20世纪80年代初期的情况下，仍然获得了更高的资产回报率和资产净值。1981年，里奇菲尔德公司的净资产收益率比美国西方石油公司低了10个百分点，差不多与埃克森公司、雪佛龙公司和美国石油公司等持平。到了1987年年末，在油价从每桶32美元暴跌到每桶近10美元后，其他公司的净资产收益率纷纷下跌，只有里奇菲尔德公司的净资产收益率不降反升，达到了23%，比排名第二的埃克森公司整整高了7个百分点[5]。除了重建措施之外，里奇菲尔德公司还采取了各种不同的领导措施，使公司的净资产收益率在 1988 年升得更高[6]，到 1989 年上半年还在持续上升。

熟悉这一案例的人一致认为，如果缺乏有效的领导就不会取得这些成绩。但仔细查看事实之后不难发现，领导力不是围绕一个人展开的，很多人都曾扮演了非常重要的角色。在大西洋里奇菲尔德公司的重建案例中，首先值得一提的人是罗恩·阿纳特（Ron Arnault）。

1969 年，阿纳特在沃顿商学院取得工商管理硕士学位后加盟大西洋里奇菲尔德公司，1977—1980 年担任公司分管计划的副总裁，1980—1984 年任里奇菲尔德下属太阳能合资企业（ARCO Ventures/Solar）总裁，1984 年成为总公司的首席财务官，负责制定重建方针。他与公司的财务、计划、法务高管们一道，在所罗门兄弟投资银行的协助下，搜集事实证明重建的必要性：公司变得过度资本化，安纳康达和其他一些分支经营欠佳，公司在商战中变得不堪一击。他和团队还明确了开展重建的各种方式，分析了不同方法可能引发的经济影响。随后他与里奇菲尔德公司的高管们就这些观点交换意见。尤为重要的是，他们成功说服了 1981—1985 年任公司总裁的比尔·基斯尼克（Bill Kieschnick）。

洛德·库克（Lod Cook）于 1983 年任大西洋里奇菲尔德公司副总裁，1985 年升任总裁，1986 年晋升为董事长。他不需要阿纳特和团队多费口舌进行说服，因为从一开始库克就认为重建的想法非常合理，他还在 1984—1986 年促使方案部分成型。如果说阿特纳在制定重建方向上发挥了带头作用，那么库克就是践行者，他带领员工在这些想法指引下达成联盟，并激励他们将这些想法变成现实。

库克是南方人，语调温和。1956年，他从路易斯安那州立大学取得石油工程学位，不久便到大西洋里奇菲尔德公司工作。他在人力资源部干了将近14年，之后从事过市场营销和综合管理的工作。在重建早期，他发挥了关键作用，成功说服包括董事长罗伯特·安德森在内的管理高层支持重建方案最终成型。在重建后期，他成为重建方案的首席代言人，向公司全体员工解释重建决定，激发他们的积极性，使新的里奇菲尔德公司得以顺利运转。

说服员工欣然接受此类重建绝非易事。1985年秋，库克开始组织公司全体员工召开一系列会议。他向员工阐述自己对重建的理解，承认这会给很多员工造成伤害，引导他们展望长远的利益。他总会留足时间让大家质疑提问，鼓励员工大胆发表意见，包括一些充满敌意的质询。他坦率、低调、不胁迫他人，却又清晰地传达了信息，取得了很好的效果。

相较阿特纳和库克，大西洋里奇菲尔德公司创始人、前任董事长罗伯特·安德森在整个重建项目中发挥的作用显得很有限。但他的角色非常关键，对他本人来说并不轻松。重建意味着要从根本上改变公司的发展方向，而正是安德森本人设定了这一方向并维持了20年。绝大多数强大的创业者在建立公司后就不会再考虑改变公司的发展方向，但安德森不同，他不仅帮助阿特纳和其他人制定一揽子重建方案，牵头说服董事会支持这些主张，还把指挥棒交给了库克，然后功成身退，从里奇菲尔德公司退休[7]。

安德森在重建项目中发挥了领导作用，没有成为重建项目的拦路虎。这首先要归功于安德森本人的非凡个性，其次是其他人的鼓动说服，使他接受重建观念、支持重建项目，尤其是在安德森没有反对卖掉他一手购置的安纳康达产业这件事上，库克和基斯尼克功不可没。

1981—1985 年，比尔 · 基斯尼克在安德森手下任总裁。他经过培训成为化学工程师，欣然接受了重建的观念，并极力推动新发展方向的拟定，取得了安德森和其他里奇菲尔德高管们的支持。尤其是在开始阶段，基斯尼克就像一台发动机，推动着整个过程不断向前进展，少了他，重建项目就会陷入停滞。

除了基斯尼克、库克、阿特纳和安德森外，这一重建案例中还有许多人扮演了更为具体却又相当重要的角色。乔治 · 巴比科安和吉姆 · 莫里森在石油业的销售方面展现了强劲的领导力。早在阿特纳开始谈论重建前，他们就已经做了一些重要工作。负责协调员工的人事部设计并实施了独创的提前退休方案，也在重建过程中发挥了重大作用。还有一些人，他们领导员工使华盛顿和洛杉矶炼油厂提高了生产力，新的莱昂戴尔石油化工公司开始盈利，各单位杂项开支减少。

总体而言，很难精确指出此案例中究竟有多少人发挥了对结果产生影响的领导作用。有三四个人显然扮演着极为重要的角色，至少有十多个人在其他重要方面做出了相当的贡献，然而不同于上述最常见的用来将领导过程概念化的模式，没有一个人能够扮演单一的领导角色。相反，从某种意义上说，他们的角色都专门化了，有些专门负责领导过程的一些方面，如拟定发展方向或达成部分联盟，其他人则具体负责重建方案中的某些方面，如产品（汽油、石油）的市场营销机构或在休斯敦的新石油化工公司。

角色专门化的总体模式颇为复杂，在很大程度上也是这一案例所特有的。但一定程度和强度的专门化并非罕见，而是必然会发生的，由于必要，也是经常会发生的。

吉姆·亚当森在邓迪工厂成功扮演领导角色已是相当不容易，而从规模上看，大西洋里奇菲尔德公司是邓迪工厂的 50~200 倍[8]，可能只有商界的丘吉尔或是甘地才能在里奇菲尔德公司成功扮演和亚当森一样的角色。类似这种情况，其实更合理的办法是找到一群拥有卓越才能的人发挥整体领导力，让每个人扮演不同的角色，这是由现实的复杂性决定的。

这与“管理”的情形有些相似。今天的企业通常需要的不是一个人的管理，而是很多人共同管理，这是因为管理任务庞大而复杂。过去 10~15 年中，大部分行业对领导力的要求已攀升到直逼大西洋里奇菲尔德公司的地步，这就要求企业能做出同等反应。确实，在里奇菲尔德这类公司，越来越多的人需要同时担负起领导和管理的责任，虽然两者的要求各不相同（见表 6–1）。

基于同样的原因，即使在规模较小的企业中，也有很多人同时扮演着两种角色。NCR的案例就是一个明证。亚当森离开邓迪工厂后，领导过程并未终止，其原因就在于他离开时其他员工已经极大地推动了领导进程。这些员工从亚当森身上学到了领导力，并在他的鼓励下持续施展领导才能。他们不是区区一两个人，即使谈不上大多数的话，也至少是包括整个管理层面的人。与亚当森相比，他们的工作没那么惹人注目，发挥的作用也更加专门化、更为有限，但却极其重要。其中一些员工在企业的某一领域展现出了全面的领导力，如负责总装区的工作；有些人负责领导过程的某一方面，如协助亚当森达成联盟或是激励其他员工。随着邓迪工厂发展壮大，需要引进额外的产品，工作也变得更为复杂。如果没有这些员工接手并不那么引人注目的领导工作，光靠亚当森一人或将独木难支，而且在他离开之后，企业的发展势头必将不复从前。

表 6–1　管理和领导的不同作用

	管理的作用	领导的作用
目标	创造一个管理过程，借此在重要领域产生预期结果。	创造一个领导过程，借此引起必要的变革以应对变化的商业环境。
数量	通常占一个企业总工作量的10%~20%，一般来说运作越复杂，管理角色就越多。	变化幅度很大：可占到一个企业总工作量的1%~50%，取决于多少运作需要改变。
内容	所谓的“线性管理”主要针对某一领域内管理的三方面（计划、组织和控制）；“人员管理”则有时负责某一领域内管理过程的有限部分（例如预算或高管薪酬），整体工作量在一定范围内浮动。	变化极大。有些注重于某些活动或企业领导过程的所有方面，其他侧重于该过程的单一方面（例如确定发展方向甚至是定向的一个方面），整体工作量可大可小。
任务	分配任务是管理过程本身的一个正式部分。担任管理角色的人同时也可以扮演领导角色，后一角色可能比前一角色重要，也可能次要。	任务以一种相对非正式的形式分派到人，任务本身更具有流动性和变化性。担当领导角色的人同时也是管理者。

那些没那么惹人注目的领导过程，即“微领导”[9]，远比大多数人意识到的更加重要，也更为普遍。它既不耀眼，也不激动人心，因此很少吸引他人的注意力，经常被忽视。但在所有领导案例中都能找到微领导，不论是在NCR，还是在美国运通、SAS、柯达、玫琳凯和肯德基等案例中。

旅游服务机构许多“了不起的表现者”的案例（见第 4 章）就充分体现了微领导。在这些案例中，一旦出现了难以预料的情况，通常是某种危机，某个人就会介入，厘清事情发展的方向，与其他能提供协助的人进行有效沟通，激励自己和他人在困境中努力实现愿景。旁观者不会将此归为领导的范畴，这是由于涉及人数过少，愿景微不足道，而且这些人不符合我们对领袖人物根深蒂固的印象。但根据第 3 章到第 5 章所定的标准，这确实就是领导，只不过属于微领导。

人们也可在柯达复印产品的厂房里发现微领导。那里的工人一旦想出某项生产改良办法，就会告知主管和工友，想方设法激起大家足够的兴趣去实现愿景。大多情况下，这个工人并不会认为自己是领导者，但他却展现出了微领导力。

没有大量这样的员工，玫琳凯可能都不会存在。这些“平凡”的女人兼任美容顾问，努力建立起她们自己的直销渠道。她们吸引并培训新员工，帮助她们设立切合实际的目标，激励她们努力工作，这些绝非易事，没有领导力是不可能实现的。可能她们中有的人会认为只有玛丽 · 凯才具备领导力，她们自己并没有。但事实上她们的确展现了领导力，而当这些微领导力汇聚在一起，将成为一股无比强大的力量。

传统的“领导者—拥护者”模式在我们的思维里如此根深蒂固，以至于很多人甚至想象不到某一具体案例中会有两个领导者并存的情况。然而，如果某个案例中可能有4个领导者，那么同样也可能有40个或400个。数字设备公司87环球展就是一个绝佳的案例。[10]

87环球展是数字设备公司的杰作，1987年9月前两周在波士顿举行，旨在向客户展示公司的产品和员工面貌。按照大部分人的标准来看，87环球展就像大西洋里奇菲尔德公司的重建案例和NCR的自动柜员机案例一样，是实实在在的“本垒打”。但其实87环球展比这两个案例要更为成功，几乎所有了解此案例的人都认为这是集体领导的成果。

1987年9月1日—11日，32 000多人代表数字设备的10 000个账户，抵达波士顿世贸中心，参加了为期两天半的87环球展。其间，参观者们可以看到巨型屏幕上展示的数字设备产品的各种功能。他们参加了计算机相关讲座，可以自由选择125种日程安排。他们与数字设备公司的高管会面，并有机会在不同社交活动中和其他公司的同行交谈。有些社交聚会在世贸中心边上的QE2远洋客轮或星星号轮船上举行，在展会期间它们充当水上旅馆。参观者有很多机会考察新产品、接收新消息、提出问题并了解很多知识。大部分人离开波士顿时都对87环球展留下了极深刻的印象。

成功展示产品和员工面貌并不新奇，大多数公司一直以来都是这么做的。但这个案例中的活动规模非比寻常。87 环球展可能是截至 20 世纪 90 年代由单个公司举办的最大规模的展览。从很多方面来看，它都是同类展览会中最成功的一次展览。

就宣传而言，这两艘远洋巨轮引发了全球范围内对数字设备公司的免费宣传，这些宣传为公司省下了上千万（甚至可能上亿）美元；就客户关系而言，数以万计手握价值几十亿美元购置计算机预算的大客户，因为这次活动和数字设备公司发展或加强了联系；就短期业务而言，87 环球展举办后的三个半月内，数字设备公司敲定了一笔 20 亿美元的新业务，这也应部分归功于 87 环球展的举办。

但整个案例非比寻常的地方并不在于这些看得见的数据，而在于多数大公司根本不敢梦想做出这样的尝试，因为他们无法想象如何办到：找到 25 000 名员工举办构思精巧、执行完美的特别活动，而与此同时每名员工还不能丢下日常工作。

然而，数字设备公司的员工做到了，他们创造并开展了一场个性化的运动，使成千上万人从繁忙的工作中抽出时间参加活动。他们组织盛大的展览会，把价值 3 000 万美元的设备按不同产业进行展示，使客户可以很快了解数字设备产品的功能。他们建立了自己的闭路电视网络，在地方电视台开通 4 个频道，每天上午 6 点到晚间 11 点宾馆会播放相关节目。他们为某些特定产业或重要客户设计并开展了上千次活动。他们的后勤工作非常繁重，每天要供应 10 000 份午餐，但他们几乎没有出过差错，热情的态度和严谨的作风给每一位参观者都留下了深刻印象。

设计展览会各方面事务的领导难度，以及保证活动按时、按预算进行的管理难度均是前所未有的，但他们很好地完成了这项挑战，不是靠一个人，也不是由库克和阿特纳那样一小群人完成的，而是由中层管理者和专业人士组成的一支庞大团队实现的，他们中大部分人所起的作用虽然很有限，却又至关重要。

这支团队的核心是两个小组，共约 40 人。两个小组的成员为此次展览会做了大量全局性的领导和管理工作。他们和总裁肯 · 奥尔森（Ken Olsen）及数字设备公司的高层一起拟定了 87 环

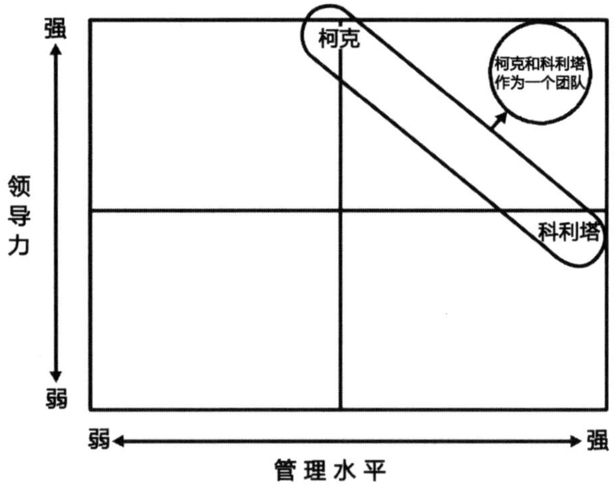

图 6–1　数字设备公司 87 环球展的团队协作

球展的基本方针，并就此方针与公司的其他人进行沟通，最终确定了总体时间表、预算和执行团队。随着展览会的日期一天天临近，他们定期会面确保事情按照既定轨道运行，并不断激发大家的热情。

这两个小组由达拉斯 · 柯克（Dallas Kirk）领导，他是数字设备公司唯一被指定全职负责 87 环球展的员工。柯克曾任电子产业销售部的市场经理，在准备展览会期间扮演前台领袖和啦啦队队长的角色，与卡门 · 科利塔（Karmen Coletta）密切配合。科利塔是一家市场营销公司的财务经理，不仅正式掌管环球展的财政大权，也是柯克的总管家。科利塔把预算作为计划和控制的手段，全力制定目标和时间表，使一切工作按部就班地进行。柯克与科利塔在合作中展现出的卓越领导和高超管理水平，是他们单打独斗无法实现的（见图 6–1）。

这个核心小组的其他成员还有珍妮特 · 希普曼、克雷格 · 赞姆泽、伊丽莎白 · 斯特朗和肯特 · 弗雷恩。希普曼负责所有交流渠道，包括节目单、邀请函、指示牌、海报和电视媒体，同时也负责这次活动的整体视觉效果。赞姆泽主管展厅，他的工作是把波士顿世贸中心变成一个各空间彼此相连的巨型展厅，展出价值几百万美元的计算机。斯特朗负责活动，他必须设计并开展 1 000 多场不同的活动，从头脑风暴研讨会到新英格兰海滨烤蛤野餐会，都是职责范围。弗雷恩则负责邀请客人、注册登记和住宿安排。

核心小组的外围是一个规模非常大的团队，约有 3 500 人。他们协助希普曼、赞姆泽、斯特朗和其他人工作，在环球展的各个具体环节充当管理者或是领导者。比如设计为某一行业的客户定制的产品演示，会有 11 000 多名数字设备公司的其他员工从旁协助，包括设计各种演示方案，亲手搭建并测试不同系统，培训其他人进行演示，以及负责种种相关活动。

最后，有 10 000 多人现身环球展：做演示、发表演讲、分发节目单、和客户开业务会、指导或激励员工做好具体的工作。大多数人完成的是单项任务，但也有相当多的人做一些零散的管理工作，或领导具体的某项活动，或两者兼顾。

总的来说，许多人以一种或另一种形式完成了展览所需的大量领导和管理工作，或是同时承担了管理和领导的职责。他们通过扮演大量相对没那么显眼的角色完成了这些工作，大西洋里奇菲尔德公司的案例中充分体现了这一点，甚至其他案例也能印证这一点。对许多个体来说，微领导可能微不足道，但将所有微领导看成一个集体的时候，就会产生超凡力量，这也是此次活动成功的根本原因。

1988 年，数字设备公司在所有美国公司中算是规模较大的公司，年总收入达 115 亿美元，这么大的公司却能激发大量中层管理者和专业人士的领导力，这确实少见。然而与此前 20 年间全球最成功的大企业相比，它在这方面的表现并不算特别突出。

世界范围内最成功的企业大多在日本，包括住友（银行）、松下（家用电器）、丰田（汽车和卡车）、野村（证券）、佳能（复印机）和其他很多公司。美国人很少将日本人与领导力联系在一起，但这些公司却以其独特的企业文化表现出了卓越的管理和领导力。从结果（能不断满足客户和银行家的期望，并能大胆实施变革以应对新环境）和产生结果的各要素（良好的计划、组织和控制，以及清晰的发展方向、朝着发展方向达成的联盟、被高度激励的员工）两方面看，这些日本公司明显具备卓越的领导力。然而，他们实现这一切不是靠沿袭传统的欧美模式，强调身居高位的约翰 · 韦恩[①]式的领袖人物的作用，而是更接近数字设备公司这套微领导力模式。

大获成功的日本公司通常会让一个能力非凡的人担任总裁，但公司大部分领导工作不是由个人主导的，而是依靠中层群体的群策群力。数以千计的员工发挥了一定的领导作用，但每个个体所起的作用很有限，完全不能和欧美模式下的领导力相媲美。然而，正是这些微领导力汇集成的一个整体，帮助这些公司成功渡过石油危机、日元对美元危机、保护性贸易立法等重重难关，而上述危机无疑会摧毁许多美国和欧洲的大企业。

---

① 约翰 · 韦恩（John Wayne）是 20 世纪极具影响力的美国演员，好莱坞有史以来最伟大的影星之一，以出演西部片和战争片中的硬汉而闻名。其作品《关山飞渡》蜚声世界影坛。——译者注

第 7 章

复杂商业环境的协同：宝洁公司案例

单一情况下的多重领导不一定能相互融合，相反很容易起冲突。在极端情况下冲突将是灾难性的。如果固执的几个人提出相互对立的愿景，造成冲突的气氛，那么将浪费资源、耗尽人力，最终将一事无成。

要使多重领导角色共同发挥作用，必须有某种东西来协调各个角色的行为，尤其需要一种机制将不断成型的愿景联系在一起，使它们和谐一致，而不是相互对抗。要做到这一点非常艰难，但又很有必要，看看大西洋里奇菲尔德公司和数字设备公司的案例就可以明白。然而，与协调管理角色不同，协调领导角色需更符合领导的性质和职能。

我们或多或少会想当然地认为，明确管理人员职责，用指挥链将他们联系起来，形成一个智能的正式架构，只要各种管理角色属于构架的一部分，共同完成一个管理过程是完全有可能的。这样的架构有助于减少冲突并用理性方式解决冲突，从而达到协调目的。明确而不重叠的岗位描述有助于减少冲突，比如将造成职权范围争议的可能性最小化。而指挥链是解决冲突的机制。因而无论何种角色发生冲突，指挥链上总有相应级别的管理者出面协调角色间的冲突。同样重要的是岗位描述和指挥链，它们可以通过计划过程制订出完全一体化的系列计划，从某种意义上说，这能遏止冲突发生，避免造成混乱[1]。

人们很容易相信，同样的机制，或许稍做调整，就能协调各个领导角色。但其实这些机制并不能，原因在于管理和领导本身存在固有的差异。

这也跟日常工作和非日常工作有关，从更广泛的意义上说，跟稳定和变化有关。正式架构特别适用于处理日常工作，但面对因变化引起的出人意料的新情况时则不太适用。理由非常简单，一旦情况发生很大变化，将不可能清晰地界定各项工作职责，做到互不重叠。有时候甚至不知道未来需要做什么，结果引起更多的冲突，需要积极加以解决。冲突积累到一定程度后，相应的管理者将无力应付此种局面，只好由组织架构中的顶层管理者投入越来越多的时间来处理矛盾不断升级的冲突局面，这将导致决策过程滞缓，紧张局势加剧，最终导致运行体系崩溃[2]。

要将各种领导角色协调好，还需要采用较正式架构更为灵活、适应性更强的方式，才能适应变化、处理好非日常工作。这种方式相对来说不那么正式，更像是蜘蛛网状的架构[3]，而非等级架构。

大西洋里奇菲尔德公司和数字设备公司中各个专业化领导角色之间普遍存在良好的工作关系，他们相互尊重、彼此理解，有些已经合作共事了几十年，私交甚密。他们因为一些共同的价值取向走在一起，一些人的世界观也大致相同。

跟正式架构协调管理活动一样，密集的非正式网络有助于协调领导活动。主要区别在于密集的非正式网络能达到更高的协调要求，处理非日常工作和变化的情况。众多的沟通渠道和由这些渠道联系起来的人已经建立起充分的信任，这使得无论谁扮演何种角色，密集的非正式网络都能形成一个不断包容和适应的过程。角色之间发生冲突时，具有相同价值观的各方能帮助协调矛盾。最重要的是，通过这个对话和包容的过程形成的愿景能相互融合、达成一致，而不是彼此疏离、冲突对抗。实现这一切所需的沟通远比协调管理中的沟通要多得多，然而不同于正式架构，密集的非正式网络也能够完成此类沟通（见表 7–1）。

愿景相互关联的重要性，无论怎么强调都不为过。如果愿景彼此缺乏关联，哪怕是最紧密的非正式网络，也无法提供协调日常活动所需的对话和包容。相反有了相互关联的愿景，专业化的领导角色就可以独立地工作，避免与同事发生频繁的冲突。例如在肯德基案例中，至少有十几个人必须为项目中各自负责的部分制定愿景，正是因为这些愿景和迪克 · 迈耶的总体设想相吻合，而且这些员工之间的分歧得到了妥善处理，才使得他们处理工作时有一定的自主权，所以整个项目进展神速。

当领导和管理的角色由不同的人扮演时，密集网络还可以在两者之间进行协调。数字设备公司的达拉斯·柯克和卡门·科利塔即属于此类情况。

当然，所有企业都存在某种形式的非正式关系，但通常这些网络要么非常疏松，只是一些人彼此联系密切，而大部分人则被排除在外；要么就是高度碎片化，如只在市场营销部和研究开发部内部形成了紧密的网络，但两个部门之间却缺少联系，此类网络也不能很好地支持多重领导措施。

表 7–1　协调管理角色和领导角色

	多重管理角色	多重领导角色
主要协调机制	正式架构（岗位描述和指挥链）和综合计划	密集的非正式网络（具有相同价值观的人的良好工作关系）以及相互重叠的愿景
机制运行过程	岗位描述明确了职责和权限，通过将岗位间的交叉最小化来减少工作中的冲突。指挥链将所有工作联系在一起，由此提供了解决冲突的途径。这些机制用于计划过程时，就创造出一体化的系列计划，以消除未来可能出现的冲突。	密集的非正式网络中，人们彼此信任，有很多有效的沟通渠道，谁扮演何种角色以及角色之间的冲突，生成了一个不断包容和适应的过程。通过这些渠道形成的愿景将是相互关联、彼此兼容，而非相互疏离、彼此对抗的。

正因为如此，紧密的非正式网络对领导而言至关重要，并且存在于所有领导工作协调开展的地方，包括邓迪、美国运通公司、柯达和肯德基以及所有顶尖日企。紧密的非正式网络极为重要，

如果缺失或存在缺陷，那么企业领导初期就应当把建立这种网络当作头等大事。

20 世纪 80 年代中期宝洁公司纸产品分部，就是在一开始缺少非正式网络的情况下，通过多重领导措施实现经营好转的典范[4]。

宝洁公司的纸产品包括名牌产品 Bounty（纸巾）、Pampers（“帮宝适”纸尿布）、Charmin（浴室用纸）等。纸产品分部在宝洁公司的食品、制皂、保健和美容护理等业务中属于核心创收部门。

尽管当时宝洁已有 150 多年的历史，但纸产品分部是在 1956 年收购 Charmin 造纸公司后才创建起来的。Charmin 公司只有一种产品，即浴室纸巾，在美国部分地区出售。宝洁非常大胆地拓宽了这项业务，在 20 年里取得了巨大成功。公司采用的是三头并进的方法，利用产品开发部的专业技术扩展产品系列的范围，如在 1961 年推出一次性尿布；开发新制造技术，用低成本生产高质量的纸产品；然后，利用市场营销的专业技能扩大产品销路，先进入全美市场，再推向全球市场。

宝洁公司生产的消费品设计新颖、质优价廉且销路广，起初几乎没有企业能与之匹敌。但到了 20 世纪 70 年代末，局势发生了转变，由金伯利 · 克拉克（Kimberly Clark）生产的好奇（Huggies），大大侵占了帮宝适的市场份额。詹姆斯河公司（James River）推出的北方浴室纸巾和 Brawny 纸巾越来越畅销，斯科特（Scott）纸品公司则凭借更为激进有效的方式也在市场上赢得立足之地。其他像佐治亚-太平洋公司（Georgia-Pacific）、惠好公司

（Weyerhaeuser）、霍华德堡公司（Fort Howard）等相继推出廉价品牌产品，进一步抢占了市场份额。这些新竞争对手极大地侵害了宝洁公司的市场利益。行业分析师估计，宝洁公司20世纪70年代中期时一次性尿布的市场份额为75%，1984年时市场份额已降至52%[5]。

高管们意识到了问题的严重性，开始将他们认为有能力扭转局面的员工派到纸产品分部，其中首推人选为理查德·尼科洛西（Richard Nicolosi）。

1984年4月，尼科洛西到纸产品分部任副总经理。他曾花了3年时间发展宝洁公司规模较小而发展较快的软饮业务，建立起一种极为注重职能的集权机构，强调内在职能目标和项目。这一机构中几乎所有关于客户的信息都是来自高度量化的市场调查，机构中的技术人员根据节约成本的多少获得奖励，销售人员根据数量和份额得到报偿，两队人马竞争激烈。

1984年夏末，管理高层宣布了尼科洛西将于10月出任纸产品分部总经理。早在8月时，他已将这一分部经营得卓有成效；9月，他实施了上任后的第一个重大举措，他和11名直接下属外出一连开了三天的会。尼科洛西回来后说："我必须说清楚，游戏规则已经变了。"

这是一次不太顺畅的会议，因为这12个人还不习惯作为一个团队一起工作。然而在擅长团队建设的人的帮助下，他们开始了对话，着手改善彼此间的工作关系，并开始制定部门新的发展方向。

新的发展方向更加强调团队协作。尼科洛西推动的战略是由几组人负责部门组织并管理具体生产，这一战略得到大多数人的认可。另一个战略认为分部需要更具创造力，更着眼于市场，而不仅仅关注低成本生产。他们还讨论了加快创新步伐的必要性，提出要更注重消费者和总体质量，否定了无休止的分析和职能计划，把经营业绩作为工作目标。

10月，这12个人组成纸产品分部“委员会”，决定每月碰头。6个月之后，会议召开得更为频繁，改成每周一次。在此期间，他们将显然无法融入工作团队和难以适应新发展方向的委员会成员调到了宝洁其他部门工作。

11月，委员会设立了“类别团队”，负责管理主要品牌产品，如尿布、纸巾和毛巾等。尼科洛西和其他几个人花了大量时间向各部门和新的类别团队解释逐渐成形的愿景，包括分部现在采用的新管理方式和这些团队的作用。温迪·威廉斯[6]组织了一次专题研讨会，帮助类别团队成员思考他们在领导过程中的新职责。同时，尼科洛西和委员会其他成员将责任下放到各类别团队，鼓励大家大胆尝试。他的口号是“追求飞跃，避免渐进”。为了激发创造性思维，他开始给员工分发无数张纸条，上面写着诸如“你想过这一点吗”或“这个想法如何”一类的话。

12月，尼科洛西有选择性地跟进一些活动的具体细节。他亲自会见广告代理商并认识了一些极具创见的人；他要求尿布市场营销经理彼得·赫姆直接向他汇报，减少了中间层层汇报的环节；他还和两位致力于新产品研发的技术人员深入交谈，这两样新产品就是后来的Always Plus和超级帮宝适（Ultra Pampers）。

1985年1月，委员会公布实行新组织架构，不仅包括类别团队，还有新成立的品牌业务团队（见图7–2）。

一开始，人们对新架构的运行方式感到既兴奋又困惑。为了帮助人们了解他们在新架构中的角色，一些委员会成员开始淡化管理并更多地强调领导。

4月，在委员会成员的极力号召下，生产和技术部门开始集中力量狠抓“总体质量”。史蒂夫·布鲁纳和保罗·基斯林等人则试图找出提高部门生产力和盈利率的方法。

5月，委员会对符合分部需求的发展方向有了更清晰的认识，并制订了详细的重大活动计划，准备在6月4日将这一愿景向尽可能多的人传达。活动当天，辛辛那提本部的全体纸产品员工，加上地区销售经理和造纸厂经理，一共好几千人在当地共济会教堂开会。尼科洛西满怀热情地指出不断变化的竞争环境以及所有人做出改变的必要性。委员会成员描述了他们对分部发展的愿景，即成为世界上为消费者提供优质纸产品和一次性产品的头号供应商，从而实现生产数量和利润的持续增长；为达到这一目标建立的组织必须为员工发展提供最佳环境，激励员工为分部发展做出贡献，从而提高生产力，还需要在经营过程中把控总体质量，鼓励创造革新，深入理解消费者需求和竞争形势，在分部的各团队中分工协作，进行简洁公开的沟通，主张组织中“人人都是领导者”。随后每个类别团队的负责人发表简短的公报，进一步阐释了上述观点。接下来是录像，记录了部分上述人员载歌载舞的场面。

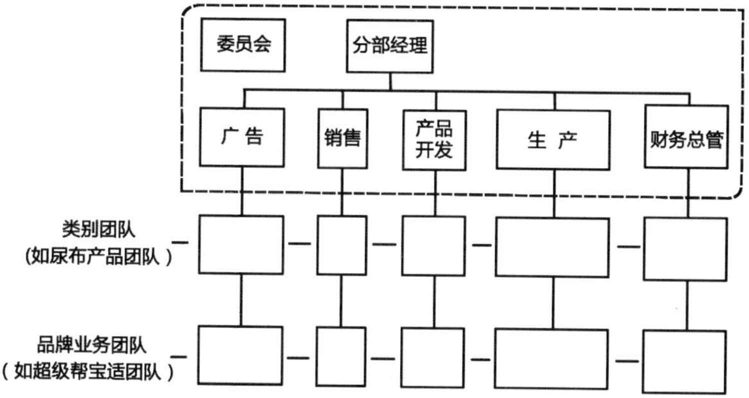

图 7–2　宝洁公司纸产品分部新组织架构

播放完录像之后，所有人乘船沿着俄亥俄河巡游而上至科尼岛（Coney Island）游乐园。游乐园里举行了更多的演讲，大家席地就餐，观看了一段关于“新发展方向”的视频，还有铜管乐队为大家演奏助兴，最后是一场绚丽的烟花表演。不止一名老员工感慨：“我在这家公司工作多年，但以前从未见过这样的场面。”

6 月 4 日的活动被全程录下来，经剪辑后分发到各个销售处和工厂。这样一来，几乎所有未能到场参加活动的分部员工都能看到整个活动。

这番铺张奢华的表演之后，各个部门和类别团队开始着手制定各自的愿景和战略。有个部门召集70个人外出开了两天会，另一个部门发动了所有部门成员，口号是“下至秘书”。这些会议有时开得并不顺利，但争论并不像前一年9月委员会召开的第一次外出会议那么多。现在新架构和新的分部愿景都强调团队协作，加上选择性的人事调整、团队协作培训和大量团建会议，这些都在部门内部和部门之间营造了更健康的工作关系。

为了加强这些发展方向的拟定工作，委员会的成员满怀热情并投入大量时间谈论总体方向和正在取得的进展。尼科洛西每周抽两天到工厂和销售处视察，他希望人人都能看到他对改革的决心和投入，很多人被他的热情所感染。

8月，委员会开始寻找一些“前期成果”使员工更相信愿景，从而达到激励员工的目的。他们最先选择关注纸巾和毛巾的价格和促销结构。他们采取的方式很简单：暂时放弃利润最大化，转而追求最大的市场份额，等业务开始有起色之后，再将重心转移到增加利润上。他们还把更多时间投入到两个新品牌Always Plus和超级帮宝适上，这些投资都获得了极为丰厚的回报。

快到年底的时候，纸产品分部的管理层开始计划制定一套流程，目的是让不熟悉分部组织架构的新人快速了解新的发展方向。从1986年1月开始，所有新经理奔赴辛辛那提参加为期三天半的培训，在那里他们与分部的其他员工见面，了解公司业务发展方向。

为了鼓励老员工继续努力，除了按惯例加薪升职之外，尼科洛西还奖励他们个人记事本、鲜花和纪念牌，以表彰他们所做的每一点成绩。其他高管也纷纷效仿，到第二年年中，几乎每位员工都在谈论纸产品分部的“企业文化转变”。1986 年夏天的一份报告评价纸产品分部的员工之间已经建立起“更顺畅的沟通、更紧密的合作、更深厚的信任、更频繁的团队协作”（即形成了更紧密的非正式关系网络）。这份报告还称“业务重心更突出、发展方向更明确、发展战略更多更优化、工作联盟更完善、员工士气更高涨、决策更优更快更多样”（既具备更多领导力来源）。

此时，整个纸产品分部上上下下都已建立起相当完善的领导体系。

宝洁的开发工程师多年来一直知道一种叫 AGM 的胶体①。当 3 家日本公司找到一种生产 AGM 胶体的方法，使成本降低到以前的 1/3 时，宝洁工程师们决定用这种胶体来生产尿布。AGM 胶体的吸水量是其自身重量的 28 倍，至少理论上讲是这样，因而生产出的产品将更薄、更贴身、性能更佳。

1983 年 AGM 项目开始实施，开发机构成功研发出尿布样品，1984 年 10 月第一批产品投入生产。纸产品分部委员会的一些成员为这种设想而自豪，因为这是一次创新的飞跃。他们任命杰

① 原文是“absorbent gelling material”，是一种吸水型胶体。——译者注

伊·柯里（Jay Curry）担任品牌经理，而且没有派给他其他职责，以便让他把所有注意力集中到这一重大创新上。

他们推出的新产品面临两大市场挑战。第一，消费者的常识是尿布越厚越好；第二，贴身使用任何一种化学制品，都令人难以接受，更不用说是婴儿的身体。一些人觉得让消费者接受这两块红布片需要耐心，但委员会催促AGM项目组的成员应继续迅速行动。他们照办并得到委员会的支持。

为了打消消费者对化学制品的顾虑，AGM团队组织了临床研究，从医生那里搜集产品的积极反馈，这在一次性尿布的市场营销中是史无前例的。为消除消费者认为尿布越厚越好的偏见，他们在广告上大做文章，决定在进军全美市场时将尿布样品直接寄到消费者家中，这也是尿布行业前所未有的尝试。

1985年9月，品牌团队为产品命名。尽管传统思维里"超级"一词不会用在品牌名称中，因为这个词或多或少带有贬低同系列普通产品的意味，但团队成员抛弃传统思维，将AGM产品定名为"超级帮宝适"。

1985年10月公司进行了产品试销，次年2月推广到全美市场。他们一反惯例，没有采取传统的销售方式有条不紊地缓缓铺开，而是从一开始就让产品全面上市，这完全出乎竞争对手的意料。

试销结果让人刮目相看。超级帮宝适上市后，帮宝适系列产品的市场份额从40%上升到58%，获利情况从原先的不赚不赔变成盈利颇丰。一度一蹶不振的纸产品分部赢得了一次重大胜利。

与此同时，宝洁在其一贯强势的领域巩固自己的市场地位，并向新的领域发起冲击：卫生巾。

75%的妇女在经期时会认为她们使用的卫生巾或卫生棉在不同程度上并没有很好地起到防护作用。针对这一问题，产品研发部的乔·梅基（Joe Makey）和生产部的托尼·琼斯（Tony Jones）及其他几名员工决定开发一种新产品，不仅要有更强的保护作用，而且还必须更具创新性。

宝洁的产品开发工程师们着手研究，试图找出导致卫生产品效用不大的原因。他们发现最大的问题是产品覆盖面积太小，卫生巾只有两英寸宽，而裤裆有三英寸宽。经过大量的试验和努力，他们找到了一种加大覆盖面积的方法，将卫生巾防护失败的概率从 75%降到 25%。这种新产品最终命名为 Always Plus，虽然外形古怪，但性能方面确实有了极大的突破。

1984 年年初，分部成立品牌团队负责管理 Always Plus。贝齐·弗赖伊（Betsy Frye）受命担任品牌经理。她充满激情且有远见卓识，坚信这款产品的构思和发展潜力。但她同时很快意识到销售过程中面临的问题，即如何告诉消费者这一奇形怪状的产品是什么、干什么用以及怎么用。

委员会从一开始就喜欢上了 Always Plus，因为这款产品显然符合逐渐成形的愿景，是公司希望推向市场的一类产品。他们清楚地告知弗赖伊这一点并大力支持她的工作。

1985 年 2 月，Always Plus最初的市场测试在俄亥俄州的哥伦布市开展，结果令人大为失望。按照惯例，失败的市场测试会延迟新产品的上市，甚至让新产品无法上市。委员会得知这一情况后，敦促品牌团队避免这款产品推迟或无法上市的情况，并应从中吸取经验教训。弗赖伊听取了意见并接受挑战。

在超过两三个月的时间里，贝齐 · 弗赖伊说服广告商对这款产品的广告进行调整。要让消费者了解这款产品，广告内容必须更加明确清楚，这意味着在电视广告中将出现模特身着贴身衣物的镜头，并使用“内裤”一词，这种广告手法是前所未有的。经过多番探讨，广告商听取了弗赖伊的意见。1985 年 7 月，在菲尼克斯的第二次试销中，他们打出了新广告，这次的试销结果有了大幅改善。

那年秋天，团队成员加倍努力，紧锣密鼓地筹备全美范围的销售。按惯例他们应在全美销售中沿用成功的试销广告以及其他市场营销手段。但是在 1985 年夏和 1986 年春这段时间，广告商又设计出一个新广告，很多人看过之后觉得效果更好。当征求尼科洛西的意见时，他说：“忘掉规矩吧，做正确的事。”

1986 年 5 月，分部在销售推广过程中使用了新广告。结果推广伊始就有热烈的反响，后来更是如此。Always Plus系列产品从赔本到盈亏持平再到实现盈利，发展速度远超预期，系列产品在同类产品中的名次由第二、第三一跃成为几乎与第一名看齐。总的来说，这又是一次重大胜利。

在此期间，大部分的创新举措都来自研发超级帮宝适和Always Plus等新产品的员工，但不尽然。很多提议更偏向执行过程，有些建议实际上是由职级最低的员工提出的。1986 年春，几个分部的秘书在新企业文化的感染下，发起了一个名叫“秘书网络”的协会。该协会下设 3 个附属委员会：一个关注未来的秘书工作，另一个进行培训工作，还有一个负责人员的奖励和认可。例如，培训委员会与人事部门一同组织秘书发展研讨会，第一次会议在 1986 年秋举行。1987 年 4 月，秘书网络协会召开了一次主题为“促进企业后勤支持人员间的交流和信任”的会议，187 名秘书参加了这次会议。附属委员会还帮助拟写秘书培训和参考手册，定期发行名为“秘书日程”的通讯杂志。纸产品分部的一位秘书道出了大家的心声：“我觉得我们没有理由不为分部的新发展方向做出贡献。”

1987 年新产品取得了更大的成功，5 月推出 Luvs Delux，短短几个月内，全部产品的市场占有率提高了 50%。这年夏天每位分部员工都拿到一本 12 页的宣传册，上面极力宣扬了取得的成绩。这本宣传册的标题是“庆祝进步”，扉页是尼科洛西的一封公开信，其中写道：“1985 年 6 月 4 日，我们踏上了卓越的征程……”后面刊登了十几位员工的照片和评论，讲述了各自为实现愿景所做的贡献，描绘了崭新的“纸产品分部运作方式”，还阐述了 1987 年的愿景、使命和战略。最后，宣传册上展示了委员会成员的照片并有一段展现尼科洛西自己的信念和价值观的寄语。

根据1987年下半年所做的采访，最保守的评价是“我们能在一种根深蒂固的企业文化中成功做出一些必要的改变，本身已是不小的成就，更何况这些改变能产生较大的影响。和几年前比起来，我们现在的产品在市场上几乎都有一席之地，并通过不断创新领先于竞争对手”。

此外，1988年年底的经济收益如下：4年中总收入增加40%，利润上涨66%，而这些都是在竞争日趋激烈的情况下实现的。

确实，激烈的竞争几乎总会引起某个行业的持续变化，因为每个公司都在通过持续竞争取得一些优势。单一业务已是十分复杂，诸如宝洁公司的纸产品分部，因此需要无数方式进行变革，以适应变化的环境。而变革的程度和规模决定了必须是很多人发挥领导作用，人少一些都不行。

但这并不是排斥个人的重要性。此案例的核心无疑是尼科洛西，然而并不仅仅是他一个人就将分部带往新的发展方向、与他人达成联盟并激励员工付诸行动。同样，要建立紧密的非正式网络以支持多重领导措施，仅仅靠一个铁腕人物的努力也是远远不够的：这需要创建委员会，使之成为团队协作的典范；需要发动全分部各组人员逐步形成愿景和战略；需要建立推进更多团队协作的新组织架构；需要不断传达分部的新愿景；需要调动不能适应变革的核心人员；还要组织1985年6月举行的那类团队庆祝活动。最后，鼓励员工发挥领导力并支持他们所做的努力。这绝非一名高管能够独自完成，当员工们遭到顽固的官僚派系攻击的时候更是如此。

最终分析表明，正是由于所有委员会成员和其他几十个人的共同领导，才得以扭转分部的经营局面；否则，这一切将无法实现。

4

领导力的形成

第 8 章

遗传因素与童年经历

如今大家都认为管理能力主要是成年后在学校里或工作中习得的，而领导力则难学得多，而且对领导力的起源尚无定论。有人认为是基因和早年生活经历造就了领导者，有人认为是后期的生活经历发挥了重要作用。多年来很少有问题能像“领导力是天生的还是后天习得的”这样引起如此激烈的争论。

我们几乎不可能肯定且准确地说出领导力的根源，然而评估我们在这一领域的已有认知意义重大，因为任何提升企业组织领导力的尝试，都或多或少地基于一些遗传和童年经历塑造领导力的假设。这些假设越符合实际，那么提升领导力的举措将越成功。

20 世纪 70 年代后期，我较为深入地研究了一群来自各个行业的成功高管们，他们在 9 家不同的公司担任与亚当森、格斯特纳和迈耶等人类似的职务 [1]。超过两年的时间里，我长时间观察了每位高管在工作中的表现，与他们进行面对面谈话，对他们进行测试，采访他们的同事，也得到了相关的公司文件。

尽管这些高管们采取的措施和做法差异甚大，本质上却存在一些相似之处，工作表现卓越的人之间更加如此。具体来说，他们会安排好自己的日程，包括一系列联系松散的短期计划、中期战略和长期愿景。他们建立员工直接向他们汇报的工作架构，向员工传达计划和愿景，广泛建立合作关系，拉拢可以提供帮助的各界人士，从而搭建起完成日程安排所需的资源网络。必要时他们会多措并举，如通过组织人员和活动或鼓励员工再创新高等方法积极对资源网络中的人员施加影响，从而保证计划顺利完成。总之，正如其他关于高管工作的深度研究报告中所描述的[2]，领导行为极其复杂，与传统的管理大相径庭。

借用本书的表述，这些高管的工作集管理、领导和其他方面于一体。其他方面主要指有利于他们进行管理、领导并获得晋升的事情。以上所有方面深度交融，例如，一个人不可能前 15 分钟履行管理职责而后半个小时开展领导工作。相反，在一次 5 分钟的谈话里，他可能会先试着了解活动是否按照计划进行（管理范畴下的控制过程），收集与逐渐成形的愿景相关的信息（领导范畴下的定向过程），答应帮某人一个忙（其他方面），并赞同实现某个目标的一系列步骤（管理范畴下的计划）。结果在外人看来，他们的工作既不像管理，也不是其他熟悉易辨的活动。管理者自身也觉得难以描述和解释他们的行为。

这些行为虽然复杂，但考虑到他们的工作性质和要求就没那么难理解。他们的工作要求之一就是要持续带来短期效益，满足各个重要利益相关方的需求，为此他们需要进行管理。此外，他们的工作要求他们帮助所在企业适应不断变化的竞争环境、技术和市场，为此他们需要领导员工。但他们的工作本身不能自动赋予他们有效领导或管理的能力，尤其是领导力，所以他们需要建立并维系个人权力的基础。完成这一切可能需要每周投入 100 小时或更多时间，于是他们寻求更为高效的方式，学习在单一或相互关联的活动中同时履行多重职责。所以说，管理、领导和权力形成的各个方面深度交融、联系紧密。

分析他们能够很好完成这一切的原因后，不难发现其实背后有大量相关的个性特征，正是这些个性使得他们可以从事领导工作[3]。例如，他们几乎都有很强的社交能力和一系列兴趣爱好，在商场上交友甚广。这些个性特征帮助他们尽快搜集信息以确定企业发展方向，有效传达愿景以达成联盟，并在激励员工过程中强调正确的主题。

在高管们的共同个性中，约有 1/3 可追溯到遗传因素或早期生活经历。一个典型的例子就是超常的智力，这在复杂环境中对领导过程的定向来说是极为有益的财富。其他共同点则明显与青春期之后的经历有关，典型的例子是良好的业绩记录，这有助于建立个人威信并迅速达成联盟。

这项研究很有趣。通过第 3 章到第 5 章描述的领导过程，以及对本书案例中提及的参与这些过程的领导者进行分析，不难发现一些相似之处。世界上诸如亚当森、格斯特纳和尼科洛西之类的领导者似乎具有 15~20 个共同点，其中 4 个大概是在早期生活中就已经大致产生或定型。

或许成年之前已经形成的最显著特征与内驱力、雄心和精力有关。那些扮演大领导角色①的领导者往往具有异常旺盛的精力。他们乐意身先士卒地完成重大任务，总是能影响和带动身边的人。这种内驱力往往源于较高的对自身的要求，他们不满足于现状，力求继续取得更大提升（日本人称之为“Kaizen”）。只要与吉姆·亚当森和简·卡尔森这类人待上一段时间，外人就能感受到他们永不停息的雄心壮志。即使表面看来不太明显，但熟悉他们的人总会谈及这种特质[4]。

渴望干出一番成就的旺盛内驱力对大领导角色来说至关重要。原因很简单，像卡尔森等人，工作时间长、问题多，需要付出多年的持续努力才能实现与领导相关的种种变革，这绝对令人精疲力竭。很难想象，如果领导者不具备强大的内驱力，如何能够长期做到长时间工作，而且还要处理各种棘手问题。

精力也受成年后经历的影响。当人们读李·亚科卡的第一本书时[5]，会情不自禁地想到他在克莱斯勒公司大获成功的部分驱动力源于被亨利·福特二世炒了鱿鱼后所受的刺激。然而大多数时候，对大多数人而言，内驱力在人生的早期阶段可能就已经形成。如卢·格斯特纳早在孩提和青年时期，但凡认识他的人都称赞他的决心和干劲。基因遗传可能也会发挥一些作用，但孩子与父母以及其他亲近的人之间的关系必然也起着重大作用。

---

① 原文是L，即英文单词large的首字母，意味大的、重要的，和前文提到微领导的意义恰恰相反。——译者注

第二个相关特征是某种形式的智商。目前关于智商的本质引发了很多争议，因而我们只能保守地判断，在重要职位上显示出卓越领导力的人虽然很少是天才，但他们的某种智商的确超乎常人。有的人在这方面表现得很突出，如迈耶和格斯特纳的超常才智能够很快给人留下深刻印象。有的人则表现得较为含蓄，如玛丽·凯习惯隐藏她的锋芒。

智商在定向过程中尤其重要。众所周知，在这一过程中要接触大量不同信息，筛选出相关内容，这无疑是一项考验认知水平的复杂任务[6]。

智商的形成当然是童年受教育的结果，但从生物学角度看，也受遗传因素和产前护理的影响。比如说一个人10岁时表现出中等偏下的智力水平，但到了40岁智商超乎常人，这是不符合常识的（基于所有合理的测试方法，而不是基于一次智商测试或一系列学业成绩判定）。

另一个共同特征是心理或情绪健康。像鲍勃·克兰德尔和洛德·库克这样的人几乎没有什么心理负担，除了偶尔产生的自恋、偏执或高度不安全感[7]。这使得他们在和世界联系，尤其是和人交往的过程中，尽可能地避免了曲解和麻烦。从某种意义上说，情绪健康可能是人际交往能力提升的基础。一旦失去了这种基础或者基础太薄弱，圆滑的社交能力就很难在后期形成。

心理健康在领导过程中的三个方面都很有用，因为这些方面都有人际交往的因素[8]。而且，在激励他人时更是尤为重要，因为需要准确解读他人的感受和价值观。心理健康在定向过程中必不可少，要求决策者不带任何曲解。纵观历史，许多伟大领袖都是因感情用事而遗恨千古。

心理健康在一定程度上可以从生物学角度进行解释。精神病是由体内化学物质失衡导致的，因此可能和遗传有关。心理健康也受早期生活经历的影响，弗洛伊德的大量著作论证了童年经历是如何让人形成持续终生的神经防御模式的。

领导者的另一个重要特征是正直，至少有两个理由可以说明它的重要性。很多人特别擅长判断一个人是否重视他人并关心他人的幸福，他们只需观察这个人的所作所为及其带来的后果即可。如果一个人的品性被人质疑，那么他将很难与他人达成联盟。因为别人不会相信这个人说的话，并且不愿服从他的领导。

正直品质还有助于确定良好的发展方向，对于有强大内驱力的人来说尤其如此。野心勃勃、干劲十足但却缺乏正直品质的人，会选择一条能带来发展、成就和荣光的道路，但他们最终逃脱不了失败的厄运，因为他们没有满足重要利益相关方的合理需求。强大内驱力有其阴暗面，缺少正直品质会将领导过程引向邪路。

正直的品质受一个人成年后的主要经历影响，周围的人和环境会改变一个人。但和其他三个品质一样，其根源可以追溯到早年的生活经历。一个人童年时接触的重要成年人（包括父母甚至小学老师）所秉持或流露的价值观，会对其产生非常重要的影响。

归纳起来，这四个特征（智商、内驱力、心理健康和正直）

以及其他相似的措辞表明了对重要职位领导的最低要求。其中一个特征更为突出并不意味着某个领导者具备更强的领导力，而是这四个特征都得达到一定程度的要求。比如智商是普通人 2 倍或心理更健康的领导者不一定具有更强的领导力。但若 4 个特征之一未达到最低要求，就会削弱领导力（见表 8-1）。

还有一些更多的相关特征，但不是很多，确切地说应该是很少，比人们想象的还要少得多，而且平淡无奇。表 8-1 中列出的任何一项特征都平淡无奇。表中缺少的一项倒是多数人希望看到的，也更具神秘感：非凡的个人魅力。尽管一些担任大领导角色的人的确拥有很强的个人魅力，但多数人并没有。本书中提到的所有人中，也仅有一两个人具备这种魅力。

表 8-1　遗传、童年和重要职位中的领导力

遗传或童年形成的特征	对重要职位中的领导力的影响
内驱力/精力	如果缺乏巨大的内驱力，多年变革进程中遇到的困难将挫伤领导者的领导信心。
智商	如果没有基本的智商，常常会难以在复杂环境中确立正确的发展方向。
心理/情绪健康	如果缺少起码的心理/情绪健康，将难以具备领导所需的人际交往能力。由于情绪问题引起的对事实的曲解，将导致愿景充满缺陷，最终酿成悲剧。
正直	如果人们认为某人不够正直，多数人不会服从这个人的领导，至少不会长期服从。同时，有强大内驱力但却不够正直的人往往能够确定发展方向，不过即使人们追随他，最终也是以悲剧收场。

上述未提到的还有几种品质，我们经常会将其和遗传因素或童年经历联系在一起，但事实上它们大多是在成年时形成的。一个很好的例子是冒险意识。毫无疑问，早期生活经历造就了我们看待风险的态度。然而职业经历和企业文化却会对人产生更深刻的影响。比如一个成年人的每次冒险之举都会被雇主惩罚，谨小慎微却获得嘉奖，长此以往，这个人就会变得不愿意冒险。

尽管这些主要特质看起来平凡无奇，却很少有人能够四者兼备。世界上往往是高智商人群有心理问题，心理健康的人内驱力不够，而正直的人又智力平平，诸如此类。尽管很难估计，但很有可能 50 个人中没有一个人能满足所有 4 项标准[9]。如果真是这样，则证实了一个常识，即很少有成年人具有像卡尔森那样担任大领导的潜力。不过，这并不能证实“领导是天生的，而非后天培养的”这一理论，因为毕竟并不是所有领导工作都像卡尔森担任的领导角色那样。

复杂企业中有很多种不同的领导角色。一端是位高权重、职责宽泛，如卢 · 格斯特纳和迪克 · 尼科洛西所担任的角色；另一端是权责较小但工作非常具体的角色，如格斯特纳案例中“了不起的表现者”和数字设备公司环球展的参与者们。如果把领导角色从大到小看作一个连续体，则位高权重、职责宽泛这端对领导力的要求就非常严苛，而向另一端移动时，要求会逐渐变低，对一个人童年经历或遗传因素的要求也相应变低。

大西洋里奇菲尔德公司的一位中层经理只是偶然间展现了领导力，提高了西海岸炼油厂的生产效率，自然不需要具备里奇菲尔德公司董事长所具备的个人资质。这位中层经理所扮演的角色决定了他不需要具备与董事长同等的内驱力、智商甚至是健康的心理。同样道理，柯达公司的生产工人仅仅是每年发挥一两次微领导力，也无须具备一个炼油厂中层经理具备的特质。

在领导角色的连续体模型中，一端职责最大，另一端职责最小，可能只有 1%~2% 的人满足较大一端对遗传因素和童年经历的要求，移到较小一端时，这个比例可能会超过 50%；而介于两端的领导角色，比如那位炼油厂主管一类的角色，这一比例大致在 10%~30%。

这就使我们触及了“领导力是天生的还是后天造就的”这个无法调和的争论的核心。认为领导力是天生的人，其出发点是连续体较大的一端。如果“只有 1%~2% 的人具有遗传因素和童年经历影响而形成的足以成功担任这些角色的特质”这一假设成立，那么准确地说是这些人的出生环境决定了他们的领导潜力，而绝大多数人并不具备这样的环境条件。认为领导力是后天造就的人，着眼点是更小更具体的领导角色。同样，如果我们所说的“超过半数的人具备担任微领导所需的遗传因素和童年经历”这一假设成立，那么准确来说这些人并非天生具有领导力，而是后天经历和环境所致。

这并非人们对领导力起源各执一词的唯一原因。“天生论”者认为几乎所有相关品质都是人生早期形成的，而“后天论”者将这些特质归功于后天的生活经历。然而不同领导角色给人造成的困惑，一点也不比关于各种领导特质起源的不同假设少。

我们不可能证实这种解释，但可以通过观察在各级领导角色中都具备较强领导力的公司，对得出的最笼统的结论进行一番检验。

1986 年，我对 15 家公司进行研究，这些研究对象均是因为出色地吸引并培养了有领导潜力的人而广受赞誉[10]。此项研究有趣的地方在于其结论与上述观点吻合，进一步证实了遗传因素和童年经历的作用。

几乎所有公司都在招聘高潜力人才。当然，很多公司并不会在招聘时直接打出这样的旗号，因为这种说法暗示了精英主义的企业文化。但此类招聘的目标确实是寻找极具潜力的年轻人，希望他们有朝一日能胜任中级或高级领导的角色。这些招聘方案有两个共同点：一是非常激进。这里隐含的前提是很少有人具备企业要求的特质，因而在竞争激烈的劳动力市场上，他们必须大胆敢为、周密组织，以便找到合适的人才。二是所有公司都关注前面提到的四个特质，甚至提法都一样。有的公司虽然换了一种说法，但总的思想是一致的。

激进的招聘典型地体现在四个方面。通常，一旦这些公司确定了优质人才的来源，就会着手培养与相应劳动力市场的关系。比如惠普公司曾一度研究如何集中力量从 30 所目标大学招聘人才，除了常规吸引毕业生来惠普外，还与学校主要教职人员建立关系并向学校捐赠计算机设备。这些公司要求高管组织参与大量招聘工作，通用磨坊（General Mills）和默克集团（Merck）的董事长甚至亲自出马参与招聘。如果公司发现某人前途无量，他们非常清楚地知道如何与这个人签约，至少他们会极力说服对方接受这次工作机会。

即使在分权管理的情形下，大多数公司仍尽力保持较高的招聘标准。例如，摩根担保公司会将所有极具潜力的新成员带到纽约进行长期培训，目的之一就是让公司高管检验新人是否符合招聘标准。

为了在竞争激烈的劳动力市场中更有吸引力，几乎所有公司都在努力创造并维持一个良好的工作环境，弱化官僚作风和权力斗争，强化公平竞争、积极性、正直品质和个人尊严。

这些公司中大多数没有以书面的形式清晰描述招聘这种人才的要求。然而，在和参与招聘的高管交谈的过程中，我们会发现有一个共性的描述。他们想找的人智力超群（在校成绩、测试得分和面试时表现的思维能力都可看成评定指标），有上进心（在校成绩、课外活动以及逆境中取得的任何成绩都考虑在内），为人正直（如履历中表现出不够正直，则会影响录用），擅长人际交往（评定形式各异，暗中考察是否有因情绪障碍而影响与他人交往的历史）。

平均来看，尽管这些公司较其他大多数公司在招聘方面投入更多，但这些公司并没有投入同等的时间和资源在剩下的普通招聘中。普通招聘中对应聘人员品质的要求会很模糊，至少和极具潜力的人才招聘的标准比起来没那么容易概括。普通招聘主要的关注点在于是否具备完成初级工作的技术能力（如从事工程方面的工作所需的工程学学位）[11]。而在选拔未来的中层领导时，公司会很强调智商、积极性、人际交往的能力和正直品质。

相信领导力由遗传因素和童年经历决定的人，经常会用个人魅力来诠释领导力。其中的逻辑直截了当。个人魅力是优秀领导者，尤其是优秀激励者应具备的最重要的特质，但个人魅力不是成年后能学到的，而是来自基因遗传和早期形成的性格。

这种观点很有市场，经常被用来为企业忽视员工领导潜力培养做辩护。而且当个人事业遭遇低谷时，人们经常会无意识地借用这一观点来保持心理平衡。

目前尚无法从科学角度证明这种的观点正确与否，但以下观察很有启示性。首先，本书中提到的大多数领导者，大部分认识他们的人并不觉得他们很有个人魅力。其次，大家公认的具有非凡个人魅力的玛丽·凯本人对这个话题的看法很有意思，与普遍流行的观念相左。

当问起玛丽·凯为何是一名优秀的领导者时，人们会很快联想到她的个人魅力，再问及为何认为她魅力非凡时，他们会说到她如何面对一群人演讲，听众又是如何反应的。换句话说，人们认为她的说话方式有无穷魅力，而这一定是天生的。对此，玛丽·凯持有不同看法，她说："人们常常惊叹于我不看笔记却对公司情况侃侃而谈的能力，但大家没有意识到，其实我花了很多年的努力才达到这样的水准。虽然我也有一些天赋，但天赋只是其中的一部分。"

在复杂企业的有效领导过程中，领导者的个人魅力并没有那么重要。即使是那些被认为具有非凡个人魅力的领导者，他们的个人魅力也经常可以归功于成年后的经历。

第9章

职业经历

人们在成年后的确会发生变化，特别是处理复杂任务和情况的能力会有很大提升。大体来说，个别具体事件即使对人有影响也不会太大，但一二十年累积的经历则会对人产生极为显著的影响，特别是对领导力的培养。

要做好尼科洛西和迈耶这些人所从事的工作，仅有智力、内驱力、正直的品质和健康的情绪是远远不够的。要有效制定企业的发展方向，需具备相关行业的丰富知识，理解有效商业战略的要素以及有承担风险的魄力；要达成联盟，需具备多种沟通技巧，了解不同的沟通对象，具有良好的人际关系和业绩记录，从而树立起个人威信；要激励员工，需理解基本的人性，洞察具体工作的核心价值观，并有一定的同理心。所有这些特质，至少从某种程度上讲，是童年之后发展形成的。在较大领导角色上有效发挥领导力的人，常具有共同的经历，这对上述特质的形成至关重要[1]。

此类经历中，最典型且最重要的可能是职业生涯早期遇到的真正挑战。像卡尔森和库克这样的人在二三十岁时，几乎总是有机会真正去领导、冒险并从成功和失败中习得经验和教训。这对学会广泛的领导技能、开阔视野来说必不可少，同时还让他们见识到了领导工作的难度和创造变革的潜力，懂得仅有管理技巧还不足以适应不断变化的环境，洞察到自己在领导方面的相对优势和弱点。

亚当森在 20 岁时就已在服役的皇家海军获得此类领导机会，克兰德尔 23 岁时在军队遇到过类似的领导挑战。格斯特纳是麦肯锡历史上最年轻的工商管理硕士，在 30 岁前遭遇过种种重大挑战，例如在重组破产的宾州中心公司时，他曾任首席顾问。卡尔森仅 32 岁被任命为处于困境的文戈雷索公司的总裁。尼科洛西 34 岁时在市场竞争非常激烈的情况下经营了一家软饮公司。

有时候，机会纯属偶然，洛德 · 库克的经历即是证明。1977 年阿拉斯加一家管道石油泵站发生大火，这本是一次偶发事件，但库克却把握住机遇，有了一次难得的经历，缔造了不朽的商业神话。他发现了一种叫“Slickum”的减阻剂，他以较低的价格从一个供应商那里拿货，说服一些犹豫的管道商冒险将减阻剂加到运输的石油中，就这样管道的输油能力奇迹般地提升了 50%。

但像库克这样的人能获得重大挑战的机会，往往是背后有人赏识他们的潜力，并愿意在他们身上下赌注。英国化学工业公司的前董事长约翰 · 哈维-琼斯爵士道出了很多人的心声，他说：“当我回首往事时，总会对早年在英国化学工业公司时那些冒很大风险让我挑大梁的人感到惊叹并充满感激。事实上，我常因未能达到他们设定的标准而自责不已。”

琼斯记得，他刚加入重型有机化学品部，就被当时的分部董事长汤姆·克拉克召去，负责带团调查石脑油的价格。“当时石脑油占公司总成本的一半，由伦敦的采购中心集中购买。由于重型有机化学品部对石油公司和石油行业相当了解并以此为豪，因而认为英国化学工业公司购买石脑油时支付了不必要的高额价钱。”

“当时在英国化学工业公司内部对石脑油购买价格过高一事爆发了激烈争论，公司决定派一个调查团到世界各地了解真实情况。我刚到分部才 3 个月，对石脑油几乎一无所知，并且从未直接负责过石脑油的采购工作。而在这一领域的其他人，包括潜在的供货公司、当时的供货公司以及分部管理层，都是专家。然而，尽管我缺少经验，但分部董事长仍毫不犹豫地让我负责领导调查团，后来证明这是我职业生涯中的一个转折点。可能由于未能意识到任务的艰巨性，我以极大的冲劲和干劲迅速投入工作，和其他分部指派的两名同事一道，在 3 周时间里走访了 8 个国家的 20 多家公司。调查报告一个月之内就出来了，使公司石脑油采购方式发生了影响深远的变化，而我也在这一过程中获益良多。”[2]

当然，即使获得这样的机会也有可能失败，但通常像琼斯这一类人能够把握住机会并获得成功。正因如此，他们积累了良好的业绩记录，树立起了很高的威望，这对领导过程中的联盟环节尤为重要。亚当森如果没有在霍尼韦尔国际公司和国际电话电报公司的出色业绩记录，就不可能获得在邓迪工厂的总经理一职，也不可能刚到邓迪工作就获得其他人的积极配合。同样，如果没有在肯德基力挽狂澜的壮举，迈耶的“小鸡仔”计划根本不可能得到供应商和特许经营商的支持。

迪克·迈耶等人在职业生涯早期就经常有机会接触优秀的领导者，从观察和互动中获益匪浅。若他们观察的领导者具备某方面出众的领导力，而他们恰好欠缺，则这一经历更是意义重大。比如，一个过分理性不知如何激励他人的员工，恰好碰到一个特别善于激励他人的上司。

反面案例同样重要[3]。有时领导不力带来的惨痛教训尤其具有说服力。例如，玛丽·凯多年来反复提及她曾从糟糕的老板那里获得很多关于领导力的启示。她记得有一次，她和57名销售人员花了10天时间坐汽车在得克萨斯州和马萨诸塞州之间来回绕了一圈，这次从家乡到公司总部的“朝圣之旅”，是对这些销售团队领导者的奖励。然而这是一次令人不快的旅行，旅行巴士沿途出了好几次故障，但她们甘愿忍受。她后来告诉别人：“所有这些忍受都是为了找到彩虹尽头装满金子的坛子①，能受邀到总裁家中做客、见到总裁本人，这是一件多么幸运的事啊！然而到了之后我们被安排参观工厂，工厂确实是极佳的工作场所，可我不是来工作的，

---

① 在西方国家，传说彩虹尽头能找到藏满金子的坛子，但是只有非常幸运的人才能得到。原文“the pot of gold at the end of the rainbow”指的是非常幸运的事情。——译者注

而是来见总裁的！当我们最终到了总裁家，居然只被允许在总裁的玫瑰花园里穿行，甚至没有机会见到他本人。这多令人失望啊！在回得克萨斯的路上，全车58个人一言不发，觉得旅途漫长难熬。”

另一次，玛丽·凯参加了一个全天的销售研讨会，急切地渴望与发表了鼓舞人心的演讲的销售经理握手。在排队等了3个小时后，她终于和这位经理见面了。“他甚至都没有正眼看我”，她说，“相反，他向我肩上望过去，看后面还有多长的队伍，他甚至都没有意识到正在和我握手。虽然我知道他一定很累，但我也很累，我已经在那里等了整整3个小时，和他一样累！我有一种被冒犯的感觉，很受伤，因为他完全无视我的存在。我当场暗自发誓，如果有朝一日我成了人们排队等候握手的人物，我会全心关注站在我面前的人，无论我有多累！”[4]

这些优秀领导者在早期职业生涯中，都遇到过或好或坏的榜样，有过充满挑战性的工作经历。后来，经历一些同样重要的事情后，他们的视野更加开阔。那些在重要职位上表现出超凡领导力的人，在他们担任这些重要角色之前，几乎都有机会突破大部分管理职业的发展瓶颈。这通常是由于平级调动或是提前晋升担任职责更多的工作。有时候其他渠道也会有帮助：承担特别工作组的任务或是参加长期综合管理的课程。无论何种情况，以这种方式拓宽的知识面对领导力的提升都大有裨益。在公司内外建立起来的关系网络同样有利于提升领导力。当很多人得到诸如此类的机遇时，他们建立起的关系有助于形成支持多重领导的紧密的非正式网络。

亚当森在比较年轻的时候，就在核心业务部门和后勤部门工作过，既从事过一线生产，也从事过技术工作。格斯特纳 20 多岁时就从事范围极广的咨询工作。库克直接得益于所受的教育，以及早期承担的技术、劳资关系、人事、市场和综合管理方面的工作。克兰德尔也在核心业务部门和后勤部门工作过，从事过技术、计划和生产方面的工作。尼科洛西在 35 岁前接触过技术、制造、广告、销售、市场和综合管理等各项工作。

在细节方面，这一切没有简单的模式可循。每个人开阔眼界的经历、所遇挑战的性质以及挑战出现的时间点都大不相同。同样，每个人会向不同的良师益友或者老板学习。但都是此种职业经历，使他们得以了解信息、建立关系、学会技能，并拥有良好的业绩记录（权力来源[5]）。这些都是担当大领导、迎接困难挑战时必须具备的。

要知道这些经历对一个人的职业生涯产生何种影响，从百事可乐总裁罗杰·恩里科（Roger Enrico）的经历中可知一二。他领导的百事可乐公司曾取得巨大成功，1984—1988 年，公司的销售额翻了一番，营业利润上升了 545%[6]。

恩里科 1945 年生于明尼苏达州的奇泽姆，并在那里度过了整个青年时期。他在学校成绩不错，喜欢表演，读高中时被推选为学生会主席，还在当地一个饮料装瓶厂打过工。后来他到马萨诸塞州韦尔斯利的巴布森学院就读，学业成绩优异，负责过大学生联谊会和学生法庭的工作，担任过校报年刊编辑，仅仅花了 3 年就顺利毕业。之后他到总部设在明尼阿波利斯的通用磨坊做过短暂的人事工作。不久越南战争爆发，他应征入伍，被编入海军军官预备队。

在海军预备军官学校受训 6 个月后，他被派到东南亚。在越南，他遇到了毕业后的第一任导师海军少校比尔·艾伦德特（Bill Alenderter），接受了入职后第一次一系列重大挑战。艾伦德特的部队驻扎在越南最北端，负责为美军第一军提供燃料。他们的具体工作是每周取得几十种几百万加仑来源并不可靠的燃料，通过海运将其送往几百个不同且时刻变化的地点，同时还要避开越共和台风的威胁。

艾伦德特教导恩里科要学会估算风险，必要时须承担估算过的风险以完成任务，并为他提供实践机会。通常情况下恩里科都能获得成功，但也有失败的时候。然而无论成败与否，他都从中学到以下道理：在困难环境中工作，大胆而富有创见的点子很重要；仔细倾听经验丰富的人的意见很必要；相信自己从不犯错的想法很危险。

从越南战场回来后，恩里科到了地中海第六舰队，后来又回到通用磨坊工作。他在品牌管理部担任副经理，管理贝蒂妙厨（Betty Crocker）松饼粉等产品，在一次提拔后又开始管理 Wheaties 品牌。在此过程中，恩里科学到了在缺乏正式授权的情况下如何肩负起工作职责，并积极捍卫自己的事业，而市场总监史蒂夫·蔡斯成了他的新一任导师。但他也碰到了懒散的官僚作风，其中一位高管让他非常讨厌。恩里科年轻气盛，决定辞职去百事可乐公司旗下的菲多利公司（Frito-Lay）。

刚加入菲多利公司时，恩里科在规模较小但运营良好的市场部任品牌副经理。由于工作极为出色，他在短期内连续获得3次晋升，成为最年轻的市场总监之一，负责价值几亿美元的业务。在此期间他从资深运营副总裁吉姆·奥尼尔那里学到大量业务知识，又从创建了菲多利路线销售体系的吉米·萨平顿那里学会了如何激励他人。

连续两年目睹公司在日本的业务不景气后，恩里科在1975年自告奋勇建议百事可乐公司在日本市场做出重大方向调整，不应再继续建立美国式的销售体系，而应采用日本的批发销售模式，并与当地公司合作建立合资企业。恩里科因此获得了出任百事可乐日本食品公司总裁的工作机会。和大多数公司一样，菲多利公司的传统派认为外派到海外、远离总部是一件很冒险的事，因为这让一个人远离真正的行动和导师，脱离快轨的发展。但恩里科已经明白，反对冒险的传统做法并不能最好地指导生活，所以他接受了这份工作。

到日本生活，远离美国的上司和同僚，处于一种全然不同的文化之中，业务状况又欠佳，一切都很艰难。在付出大量辛勤劳动之后，恩里科果真建立起一家名叫“不二家—菲多利”的合资公司（Fujiya-Frito-Lay），并从中获益颇多。当这家合资公司刚刚踏上艰难的成功之路时，恩里科接到一纸调令，被提拔为百事可乐国际区副总裁，要赴巴西工作。巴西的情况更棘手，他之前对日本的快餐业可以说是知之甚少，但对巴西的软饮业可以说是一无所知，而且在这里他遇到了一个极难相处的上司。

在南美的 15 个月里，恩里科身陷困境。他花在应付公司内部权力斗争的精力比以前或之后任何时候都多，因而在业务上举步维艰。他虽然学会了一些业务，但最重要的一课来自他的上司，后者告诫他哪些事不能做；但他通过自己的行为也发现，如果一个人身处逆境却企图凭借谨小慎微或是争权夺利来渡过难关，就很可能会失败。

他在百事可乐的导师们，尤其是安迪 · 皮尔逊将他召回美国，担任菲多利的市场副总裁。这份工作与以往相比相对很轻松，他表现得十分出色。两年后的 1980 年，恩里科成为百事旗下装瓶集团公司的市场销售资深副总裁。他在那里表现优异，并从皮尔逊和百事可乐公司首席执行官唐 · 肯德尔那里学到了不少。1982 年，百事总裁约翰 · 斯卡利（John Sculley）让恩里科担任特许经营装瓶集团公司——百事可乐美国公司执行副总裁和首席运营官。在这一岗位上，恩里科越来越多地接触到开销巨大、以电视宣传为主的广告业。1983 年，约翰 · 斯卡利离开百事可乐加盟苹果公司后，恩里科便接替了他的职位。

成为百事可乐公司总裁仅几个月，恩里科就签订了当时耗资最大的一份名人广告合同，金额达到500万美元，合同内容包括两个电视广告节目并让百事冠名巡回音乐会。不少人认为此举很愚蠢，冒的风险太大。有些人甚至没听说过这位名人，有些人则听说过一些不好的传言。但恩里科不为所动，相信自己的判断，而他的判断源于一系列有趣的经历。

结果证明这一切都是值得的，迈克尔·杰克逊所做的广告成为软饮行业历史上最成功的广告之一。

恩里科的职业生涯可谓一直在打破常规。对今天绝大多数人，包括多数具备领导潜力的人而言，在职工作经历确实会影响领导力的形成。我所做的研究有证据表明，很多公司培养的管理者眼界狭窄，理解肤浅，比较反对冒险，缺乏沟通能力，容易忽视他人价值，对商业竞争战略了解甚少，威信不高，擅长在预算上玩花招，却不知道如何庆祝员工取得的真正成绩。这些人在管理方面表现得还算称职（算不上非常称职），却几乎不能胜任领导工作[7]。

其原因主要在于管理工作的4个特质。首先，这些工作通常要从集权化专门化的等级开始，从范围较窄、注重策略的工作做起。尤其在大公司里，即使员工已获得多次提拔，仍是年复一年地从事这类工作。因此，他们学会了处理短期而不是长期的问题，长于策略而弱于战略，擅长专业化的职能工作，而疏于综合业务管理。

其次，与此相关，很多公司的人员提拔几乎都是基于狭窄纵向的职级，如由初级会计升为会计，再升为高级会计，之后晋升成助理财务主管。因此，通常此类成功人士的知识面极为狭窄，关系基础非常薄弱。他们只了解公司的某一部门以及一部分职员，他们在员工中也没有什么威信。同一部门的人可能会认识并尊重他们，但公司其他大多数人不会如此。

再次，才华出众且有雄心壮志的人在这种狭窄的等级体系中得到快速提拔，10~15 年内获得 10 次晋升不足为奇。这些人每 12~18 个月变更一次岗位，很少有机会深入了解情况，永远不能看到他们的行为产生的长期结果。符合这一职业模式的人比较注重短期结果，因而形成主观操纵的管理方式，导致业绩记录的可信度遭人质疑。

最后，对许多企业来说可能是危害性最大的，即人们常常因为短期成效而获得嘉奖，导致他们会过分注重产生这些成效的管理过程，野心勃勃的年轻人尤其如此，以至于他们学到了不少管理方面的知识，而对领导力了解甚少。由于开发他人的领导潜力也不是短期行为，导致高管们被这一嘉奖体制影响，不愿在这方面投入时间。而这一切将导致灾难性后果。

总而言之，这种职业模式花了 10~20 年将有才能的人培养成经理，尽管称不上是非常出色的经理。其中最成功的人到了 40 岁或 50 岁时将成功晋升到需要相当领导力的职位，而这些职位本身通常促使人们朝领导力方向发展。但即使对最有才能的人来说，领导力的发展速度也有其限度，有些人在 50 岁或 60 岁时发现，在领导力方面，自己完全无法与迪克 · 迈耶和洛德 · 库克相比（见图 9–1）。

在许多企业中，这种职业模式如此盛行，以至于人们会认为这是难免的。其实事实并非如此。

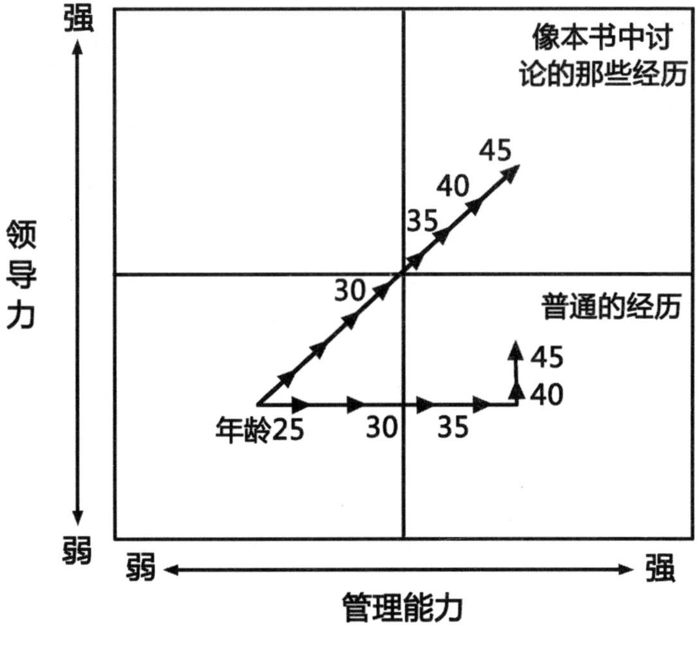

图 9–1　领导力和管理能力在职业生涯过程中的增长

恩里科、亚当森、格斯特纳和卡尔森等人的职业经历虽然比较罕见，但在一些公司中却比另外一些公司更常见。例如，百事可乐公司就有很多具备出色在职经历的员工，恩里科仅是其中之一。在这类公司中，这些经历往往与某些做法直接相关，在一定意义上系统地造就了大多数企业无法发现的非凡职业生涯[8]。由此，这些公司培养了相当数量能够肩负将来领导重任的员工。

例如，注重培养员工领导潜力的公司普遍强调为较年轻的员工提供颇具挑战的机会。提供机会的方式有很多，对许多公司来说关键问题是权力下放。从概念上讲，权力下放促使企业中的职责下移，这一过程为基层创造了更多富有挑战性的工作。强生公司、明尼苏达矿务及制造业公司（3M）、惠普公司、通用电气公司以及其他很多著名公司都曾成功地采取过这种方式。其中一些公司尽可能地创造了更多的小公司，由此创造了大量具有挑战性的基层管理岗位，通用电气、惠普和强生多年来就是凭借这种方式获益良多。

这些公司有时通过强调开发新产品或是提供新服务，从而创造更多富有挑战性的机会。多年来，明尼苏达矿务及制造业公司奉行一条政策：至少25%的总收入应来自过去5年内开发的新产品。这催生了很多新型小企业，反过来又提供了考察并发掘具备领导潜力的年轻人的机会。这些公司还努力减少官僚作风，改变僵化的机构体系，以便创造更多富有挑战性的工作。正如可口可乐公司的一位高管所说的："由于我们并非机构分散、体系固化的公司，所以如果我雇用一名工商管理学硕士担任品牌经理，他几乎可以在任何领域一显身手而不会感到被束缚。我们可以扩大岗位职责，必要时加大挑战，从而真正激发员工的潜力。"

其他公司（包括一些权力下放受限的公司）也为具有领导潜

力的人创造了富有挑战性的具体工作，行政助理也许就是最明显的例子。安海斯-布希公司（Anheuser-Busch）创造了大约30个这样的岗位，IBM则高达几百种。

当所有这些办法仍不能创造足够多具有挑战性的工作机会时，也许是因为业务发展停滞不前所致，那么这些公司就会忍痛开放晋升渠道。这意味着必须处理“挡路者”，即那些没有机会获得更多提拔但离退休尚早且业绩欠佳的员工，有时公司会用优厚待遇吸引这些人提前退休。

为员工创造挑战性工作的做法本身几乎就能培养出胜任中小领导的人选，而培养能出色担当大领导的员工则需要花更多的时间和精力。这项工作需要在一开始就能辨别出极具领导潜力的个体，并决定采取何种方法加以培养。

这些公司采取的方法很出人意料，非常直接。他们想方设法让管理高层注意到基层员工特别是年轻员工，然后由高层管理人员判断谁具有潜力以及需要为这些人提供何种发展空间。高层之间会开诚布公地交流各自的判断，以期得出更为准确的结论。公司在这方面似乎极少采用“科学的”方法，关键就是一看、二谈、三思考。

为了使管理高层了解这样的年轻员工，这些公司使用了各种办法。强生公司定期选拔出被认为有潜力的年轻人，将他们安排到特别的项目中，最后由他们向管理高层汇报工作。“我仍记得30岁时向包括公司总裁在内的一群人述职的情形。”强生公司的一名高管这样说道。“我每个月都会和手下主要职能部门的经理共进午餐，我总会事先要求他们带各自部门的一些极具潜力的员工一起来。在一些员工会议上，我也会做同样的事。这让我认识了很多年轻人，并对他们的潜力、优势和弱点都有自己的判断。”可口可乐公司的一名高管如是说。而道琼斯公司的一名高管说：“我们没有被企业组织架构所束缚，我们总是直接找到某个人获得我们需要了解的信息。这使我们能与许多职级较低、资历尚浅的员工面对面接触，对他们的形象和优势有了直观感受。”

通用磨坊有许多英才识别项目，表现出色的员工会很快引起管理高层的注意。这些项目让出色的员工脱颖而出，这对高层选拔人才极为有用。惠普公司的一位高管说：“我们有一项工作就是创造有利的环境，从而让分部把最好的员工推上台，然后我们进行仔细的审视。通过这种办法，我们会发现有前途的年轻人，一旦你知道他们的名字后，便可以用自己惯常的方式更好地了解他们。”在安海斯-布希公司，高管们习惯定期视察厂房，从而有机会遇到年轻员工并与他们交谈。同时，这些年轻员工也能借此机会在高管面前露脸，否则他们永远也没有机会见到公司高管。

这些做法为高管们提供了可能具有领导潜力的员工的信息，然后高管之间会分享并讨论这些信息。例如惠普公司的管理理事会对管理中层进行定期讨论，据称这些讨论是公开的。大公司倾向于使用非常系统的方法处理这类事情。杜邦公司的 16 名资深部门经理每个月都会花 2 小时碰面开会。在一次典型的会议中，议程中就包含讨论这些高级经理认为最需要提拔的6名员工是否可行。会前各部门经理都会收到这6名员工的照片和详细介绍。会议希望每个对这些候选人有了解的参会者都发表意见，尤其是那些关心或质疑某个人潜力的人。（例如，“哈利5年前为我们工作时表现一般，他最近有何突出表现令你对他如此盛赞？”）会议同样期待不了解候选人的参会者抛出尖锐的问题。（例如，“她与乔治·史密斯相比谁更胜一筹？”或“他在做那项人事工作时表现如何？”）这一过程极其有效，但必须避免许多易犯的错误：让毫不相关的个人意见或偏好左右讨论（例如，“女人不会领导”）；根据当下或过去的公司需求而不是未来的需求挑选人才；或是给人贴上有失公允标签（如“成功者”“失败者”）。

当高管们对谁极具领导潜力，以及这些人需要如何发展达成超乎寻常的一致后，他们会投入时间制定这些员工的发展方案。有时会将其作为正式接班计划或是高潜力发展计划的一部分加以实施。但通常情况下，并不会这么正式。但无论如何，核心内容就像是一项智商评估，高管们需要找到满足每位候选人需求并且切实可行的发展机会。不同于其他一些公司，这些公司没有固定的模式来培养所有极具潜力的员工（例如让这些员工先做一年市场营销，再做一年财务，等等）。

此处所说的发展机会包括：

1. 接受新工作安排（晋升以及平调）

2.参加正式培训（公司内部培训、公共研讨会、高校进修）

3.进入特别任务组或委员会

4.获得一位高管的指导或培训

5.出席职责之外的相关会议

6.参与特别项目

7.承担特别工作（比如担任行政助理）

为了鼓励高管们积极参与诸如此类的选拔活动，这些公司会认可成功的培养方案，并对独具慧眼的高管们进行嘉奖。但由于极难精确地衡量此类成功，这种嘉奖极少采用正式补贴或奖金的形式。然而，这成为决定高管晋升与否的指标之一，特别是对最高层来说，是否符合这项指标会产生不同的结果。

当得知今后的晋升将在一定程度上取决于培养领导者的能力时，即使曾宣称“领导力是天生的”的高管们也会想方设法培养员工的领导力。通常，他们会尽量避免从事对培养员工领导力无益的工作，而是更多地从事有助于培养员工领导力的工作（见表9–2）。

一些人有能力成为出色的管理者，但并不一定能成为强有力的领导者。另一些人极具领导潜力，但是由于诸多原因极难成为出色的管理者。好公司会同时重视两类人的价值，并努力让他们成为公司整体的一部分。而当需要推荐某些员工做行政管理工作时，这些公司会不顾“人不能既管理又领导”的论调，而是着重培养两方面都有潜力的员工。换句话说，这些公司尝试培养更多的领导型管理者，而不仅仅是纯管理者和纯领导者，这其中有极其重要的原因。

表 9–2　工作经历和领导力

	工作经历	对领导力的影响
促进领导力的发展	职业生涯早期遇到的挑战性任务	拓宽人们的视野，帮助他们在与领导力有关的各方面得到发展，给他们以机会实践领导力，并从成功和失败中获益。
	极好或极坏的领导榜样	容易从极端例子中学到知识，因为其中的经验教训很明显。
	拓宽能力的任务	知识面广对发展方向的拟定特别重要，接触面和关系的广度对达成联盟和激励员工很重要。
阻碍领导力的发展	一长串范围窄、重策略的工作	使人倾向于制定短期目标、讲究策略，而制约了长期目标的设立和战略能力的发展。
	纵向工作变动	无法具备担任重要领导职责所需的广度。
	快速提拔	不会从长远角度考虑问题，不会想到其行为产生的长期影响，容易造成主观操纵的工作方式。
	采取短期措施，并仅对短期成效予以奖励	鼓励人们关注工作的管理方面，而忽视了领导力的培养，教给他们管理方法而非领导力。

领导和管理的差异很大，以至于两者很容易发生冲突。一家主要由纯领导者和纯管理者组成的公司通常会划分为两大敌对阵营，最终将导致一方占上风（通常是管理阵营，因为其阵营规模

更大），而另一方遭到排挤。在领导型管理者队伍足够壮大的公司中，则极少出现这样的状况。

主导当今社会的是无数组织架构复杂的企业，培养足够多的领导型管理者经营企业，成为我们必须接受的巨大挑战。较为悲观的人认为这是没有希望的，一些人甚至反驳领导型管理者这一概念，他们的观点明显错误。本书中讨论的人大多既会管理又能领导，因此我们称之为领导型管理者。只是此时尚不清楚，如果环境合适还会有多少这类复合型人才涌现。想知道这一问题的答案，只能通过不断地尝试。

第 10 章

企业文化

所有在人事和经营目标方面稍具连贯性的公司最终都形成了自己的企业文化，其中既有整个组织的文化，也有各个子公司的文化。有些企业形成了强文化，比如道琼斯公司、壳牌公司（Shell）和IBM公司[1]。在浓厚的强文化氛围中，许多员工拥有一些共同价值观，并信奉体现这些价值观的经商之道。无论是强文化还是弱文化，都会影响一个企业的有效领导程度，而且有时候影响颇深。

就本章讨论的目的而言，企业文化的重要性至少表现在以下三个不同方面。第一，它会影响高管们是否寻找并培养有领导潜力的人才；第二，它决定了公司是否鼓励具备条件的员工发挥领导力；第三，它甚至有助于确定一家公司是否具备非正式网络，以协调多重领导措施，产生凝聚力（见表 10–1）。

表 10-1 企业文化和领导力

企业文化
领导力相关的准则和共同价值观：
· 哪类员工受到管理中层和高层的重视（是否担任领导，是否具备领导潜力，以及采用哪些通常做法雇用并培养这类人）
· 哪种行为受重视（是否体现领导力的行为），采用哪种措施鼓励此种行为
· 非正式网络中将员工紧密联系在一起的共同价值观的数量和深度，采用哪些做法使新员工适应这些价值观
领导力
企业中领导力的总量以及凝聚（或冲突）的程度

例如，在一项关于 15 家公司领导力措施的研究中，研究对象无一例外在吸引和培养具有领导潜力的人才方面做得很出色，并因此享有盛名，研究结果发现文化是这些措施的关键支撑力量。同样的结论一次次在与高管的面谈中得到佐证[2]。明尼苏达矿务及制造业公司的一位高管对此评价："首先，我们感到自己有义务去开阔员工视野并拓展他们的能力，我们正是这样做的。不这样想的人，比如那些德行低劣、只顾自己的人，在这里是干不好的。我们尝试冒险起用人才并拓展他们的能力。我们愿意给他们提供上升空间，即使他们的职业生涯才刚起步。我们的企业文化支持冒险，即使失败了，也不会将这些员工一棍子打死。这里的工作环境相当开放，就像一个大家庭。正因为如此，为了员工的发展进行跨部门或科室的调动是相对容易的。在这样的环境中，年轻

人可以找本部门外的高级管理人员谈论将来可能有的工作机会。我知道我们的企业文化已帮助我们造就了过去的繁荣，我们正努力自觉地维护并更新这种文化。”

花旗公司（Citicorp）的一位高管曾说：“这里的管理者不会考虑尝试雇用二流的人，尽力找到最佳人选的想法深深根植于内心。高管们会亲自过问，如果一家公司没有雇用好员工，他们很快就会发现。而且你在这里工作一阵就会知道，为了获得成功，你必须雇用和培养好员工。我能想到一些管理者，他们非常有才能，但在这里干不好，部分原因就在于没有建立起一支强有力的团队，没有走出去找到更好的员工并加以拓展，而做好以上这些恰恰是这里欣赏的做事方式。”摩根担保公司的一位经理谈到这类事时说道：“我们团队导向的企业文化不允许人们玩类似于雪藏年轻能干的员工之类的政治游戏。对这样的人，大家会群起而攻之。这种企业文化也使为了发展需要而进行的部门调动相对容易。我们重视有广泛群众基础的人，并且有塑造这类人的传统。”

企业文化除了对招聘和发展具有领导潜力的人有影响外，也会影响员工是否真正在尝试发挥领导力。一些企业文化看重冒险、交流、庆祝以及适应性变革，而另一些则不是。无论是哪种企业文化，都会在很大程度上改变一家企业。

格斯特纳和尼科洛西最初的许多举措都旨在打造一种鼓励发挥领导力的企业文化。他们认识到仅凭自身的行动是远远不够的，要在竞争激烈的商战中获胜，就需要在企业的各个层面都发挥出足够的领导力。他们也知道公司里有一些富有领导力的人，也许还有很多，但要营造出一个鼓励他们发挥领导力的环境，则确实是一项挑战。

尼科洛西和格斯特纳也明白发挥领导力可能导致冲突，因为如果缺乏共同的价值观和团队协作，不同的领导力举措可能会无法协调，难以产生凝聚力。因此，他们力图创造的企业文化不仅重视领导力，也鼓励在老板、下属和同事之间建立共同的愿景和良好的工作关系。在很大程度上，他们成功了。

数字设备公司的达拉斯 · 柯克和他的团队已经打造了一种实用的企业文化，而不必再构建新文化。了解这家公司的人在描述其企业文化时，会用上诸如轻松友好、联系紧密、鼓励尝试、开拓进取、协商合作和诚信可靠一类的词汇。这种企业文化对激励参与 87 环球展的员工发挥领导力，并对促使各种领导力举措目标一致起到了至关重要的作用。假如没有这样的文化，无论参加的个人多么有才能，也很难想象环球展之类的活动会大获成功。

一定类型的企业文化在培养有效领导力的过程中发挥着巨大作用。美国运通公司旅游服务机构或环球展的案例即是明证。不过，即使是这些案例，也不如总部在奥马哈的食品业巨头康尼格拉公司的故事更有说服力[3]。

康尼格拉公司以加工面粉起家，其历史可追溯到 1867 年。在南北战争后的一年，亨利 · 凯尼格（Henry Koenig）和弗雷德里克 · 威比（Fredrick Wiebe）在内布拉斯加州的格兰德岛建了一个以蒸汽为动力的谷物磨坊。亨利·格莱德（Henry Glade）于1883年买下这个磨坊，并在接下来的27年中将其发展成一家小型研磨加工公司。亨利·格莱德死后，他的公司和三个类似的公司于1919年合并为内布拉斯加联合磨业公司，1971年改名为康尼格拉公司。

内布拉斯加联合磨业公司在20世纪二三十年代通过内部发展和外部收购不断壮大。1941年，利用研磨加工的副产品，公司开始生产饲料。1956年又利用一部分饲料发展出第三项业务——家禽业。这三条生产线在20世纪60年代都经历了飞速发展。到了1970年，一次收购之后又增加了鲶鱼养殖活动。为了展现公司业务的多样性（不仅限于研磨加工），1971年公司更名为康尼格拉公司（联合农业集团）。1972年，在第一家面粉磨坊开办约105年后，公司的年收入达到了3.02亿元。

1973年和1974年是公司的困难时期。“二战”后的经济奇迹已基本消失。通货膨胀加剧，许多市场的波动性不断增强，结果造成康尼格拉公司用于偿还收购借款的利息支出飙升。在萧条的经济环境下，一些并购来的生意经营惨淡，尤其是波多黎各的物价管制对其最创利的业务损害极大。在商品市场更加不稳定的状态下，公司进行了几笔灾难性的交易。最终结果致使公司在1974年损失了1 180万美元，市值下跌至1 000万美元。

为了扭转这种不利局面，1974年8月，董事会任命在公司干了33年的老将克劳德·卡特（Claude Carter）为公司总裁。卡特的第一个重大举措就是从外面聘请迈克·哈珀（Mike Harper）作为首席运营官。1974 年 10 月 1 日，迈克·哈珀加盟康尼格拉公司，出任执行副总裁。

哈珀从小生活在密歇根州的兰辛和印第安纳州的南本德。1949 年，他毕业于普渡大学并取得机械工程学位。在芝加哥大学获得工商管理硕士学位后，他加入通用汽车公司（General Motors）工作。5 年后，他搬到皮尔斯伯里，在那里他先从工业工程师做起，后升为工程总监、分管研发的副总裁、食品服务供应部主管，最后晋升为新鲜家禽和食品服务供应集团的副总裁。

到任康尼格拉公司后，哈珀发现公司上下对低成本生产有一种强烈的责任感，大多数管理人员都执着于此。他还发现员工有良好的工作作风。但就不利方面而言，这是一家中央集权的公司，很少有措施允许任何人下放权力，公司内部等级森严，拘泥于形式，市场营销基础薄弱，在盈利方面有些掉以轻心。

哈珀很快就在他的办公室墙上挂了一块很大的软木板，上面贴满了反映公司销售、收入、库存以及其他指标的表格。他会在每周一上午召集总经理来更新表格的相应内容。刚开始很多经理都说不出库存有多少，或是上周赚了多少钱，因为以前没人要求他们对那些结果负责。但现在情况变了。

在康尼格拉公司的第一年，哈珀找到很多机会将经理们召集到一起谈论经营的事。他的整套工作方法是将经理们看成生意人，而非工厂管理者，同时他们也是执行队伍的重要组成部分。哈珀向经理们灌输了应对损益表和资产负债表进行管理并负责的理念，向他们展示了库存和应收款项对损益表底线所产生的不利影响，并促使他们想方设法降低这两项指标。

出售了一些前景堪忧、运作欠佳的资产后，加上库存和应收款项减少，公司有了急需的现金，偿还了近一半未清的债务并开始重新盈利，局面很快得到扭转。1975 年，康尼格拉公司创收 410 万美元。1976 年 3 月，哈珀出任公司首席执行官。

公司开始盈利后，很快哈珀就提出了着眼于公司长期利益的问题：公司的业务应如何发展？我们应如何管理好自己？在皮尔斯伯里工作的经历让他有了无数关于如何管理食品业务的想法。其中一些想法直接来自像鲍勃 · 基斯（Bob Keith）和特里 · 哈诺德（Terry Hanold）等前任首席执行官们，其他想法则来自负面经历，即他所见的令人反感的事。

同年 10 月，哈珀率 7 人到科罗拉多州（Colorado）的维尔（Vail）以期解决这些问题。他们在轻松友好的氛围中坦诚而认真地集中讨论了两天半的时间，其间就很多问题达成一致意见。他们认为康尼格拉公司应当成为基础食品公司，其产品及服务应当跨整个食品链中的各个环节（这一想法后来演化成“全球基础食品公司”），公司应当争取每年获得至少 15% 的净资产收益率，接下来几年平均值达到 20%。同时还要确立发展目标，将公司规模扩大一倍。

返回奥马哈后，哈珀开始撰写“白皮书”，内容包括维尔会议期间提出的设想以及他个人补充的想法。他把初稿分发给公司的执行和运营人员，并敦促他们评论，他们确实照办了。公司高层对这份文件进行了多次讨论和修改，直到领导层的成员满意后，将文件散发给中层管理人员，并要求他们提出反馈意见。再次经过多番修改后，这份白皮书于 1977 年 7 月以小册子的形式印制，员工人手一本。后来，证券分析师、潜在雇员以及收购对象也都能看到这本小册子。

这本小册子就是《康尼格拉公司的经营之道》，其中所述的目标、价值观以及愿景等内容看似与公司实际运作毫无关联，但其中的观点恰恰准确地反映了康尼格拉公司中已形成的企业文化。

《康尼格拉公司的经营之道》开篇就是迈克 · 哈珀写的一封信（1984 年印制的新版小册子中有一封 8 位高管的联名信）。他写道："你在这本册子中发现的观点将指导我们建设一个更加美好的康尼格拉公司。经过几乎灾难性的 1974 年财年后，在发挥关键作用的老员工和拥有丰富经验的新加盟成员的共同努力下，1975 年康尼格拉公司的局面开始扭转并以崭新的面貌出现。现在的康尼格拉公司不仅财务状况良好，具有更高水平的创收能力，还拥有全新的经营理念。随着公司局面扭转，我们能够在 1976 年财年全身心投入公司未来的建设中。"

"我们的目标是在相当长的一段时期不断提高公司的创收能力，为的是增加公司股东的回报并让员工更有安全感。投资资本的高回报率，加上不断增长的收益，为公司带来现金流，增强融资能力，从而满足公司将来发展的需要。显然，收益的增长必须与我司的公共社会责任相一致，但归根结底我们的根本目标一定是通过向客户提供优质产品和服务追求盈利，这一点无须避讳。”

“根据计划，我们已经确定了某些业务和资产将作为今后公司做大做强的基础。我们已做出大胆决定，制订战略计划并开始推进创收任务，同时寻求更多商机以扩大规模、增加收益。我们会筛选出好的商机并作为今后的追求目标。收益的增长来自革新的市场观念、积极的销售策略、业务发展和计划、对抗竞争的低成本生产方式，以及良好的财务管理。创造一家伟大企业的关键资源是个人和他们的管理方式。接下来的内容包括我们的整体目标、指导性的商业理念、经营环境和组织架构，以及我们所需人员素质的定义。”

在相对较短的“目标”一节中，小册子上列出了一系列可量化的财务目标：平均净资产收益率超过15%（1984年印制的小册子为20%），趋势线收益的平均增长达到10%（1984年为14%），资产负债表维持在相对保守的水平。在篇幅较长的“商业理念”一节中，开头便是一句意味深长的话：“发展基石：公司的成功依赖具有创业精神的领导，专业化的管理，开放的经营环境，以及鼓励高素质、具有创新精神和商业头脑的人取得成功的氛围。”接下来的讨论围绕“我们目前的业务状况”“目前业务的发展”“超出现有业务的发展”和“日常事务的组织安排”。

在“企业环境”一节中，哈珀指出创造一个适宜的环境可能是管理过程中最重要的一项任务。“我们的目标是创造这样一种文化：力争实现更高的目标、达到更高的标准，重视员工培养和理念发展，促进管理者与员工之间的积极参与及融合，强化同事间的团队协作和密切的业务联系，淡化部门间竞争。我们看重的目标是团结一致，而非制造分裂。”此节中讨论了创造这种文化所需的条件，并强调行动自由、对最终结果的责任、提出异议和挑战的自由、员工培养、竞争力塑造以及个性认可。在最后一个主题中，小册子指出：“我们拥有的一些基本信念是：（1）大多数人都想有意义地参加工作；（2）大多数人都想与一个更为广阔的世界发生联系（并由此产生一种归属感）；（3）大多数人想制定目标并通过自己的努力去达成它；（4）大多数人都希望做自己，拥有责任感和独特的个性，并自由地展现自我。”

接下来这本册子谈到了人的素质，其中指出：“我们极其重视每位管理者在领导力以及在各自的组织中吸引、留住并培养各级优秀人才方面的表现。康尼格拉公司必须比竞争对手在培养人才方面做得更出色。”最后，小册子描述了公司的组织、管理执行委员会和管理理事会、战略及年度计划、季度评审和周一晨会等各方面的情况。结束语中说道：“康尼格拉公司的组织架构极大地弱化了等级，实现了大量权力下放的运作，在适度控制下显得非常灵活。”

1977 年和 1978 年，哈珀和他的最高层团队开始着手将理念变为现实。在多种因素的促成下，他们获得了极大成功。而其中关键的因素或许就是哈珀，他的行动几乎总是和小册子中的要点相一致。这位身材魁梧、待人热情的大个子（身高约 1.96 米）在领导和管理两方面都十分出色。经过一段时间的努力工作，一套价值观渗入这家公司，形成了强企业文化。1988 年对食品企业高管所做的一次调查表明，在该行业 11 家最大的公司中，大家公认康尼格拉公司具有最强的企业文化[4]，甚至在习惯于采用非常不同的经营方式的被收购的公司中，康尼格拉公司也形成了自己的企业文化。班奎特公司（Banquet）的案例就充分说明了这一点。

班奎特冷冻食品公司（Banquet Frozen Foods）的起源可以追溯到 1898 年，当时一位叫菲尼斯 · 斯坦帕（Finis Stamper）的密苏里州教师开始销售禽蛋补贴收入。1903 年，他在密苏里州克利夫顿山建了一家禽肉加工厂。1913 年，他又开了一个乳品厂。10 年后，斯坦帕公司开始为面包店加工冻蛋白，冻蛋黄则卖给制作蛋黄酱的生产厂家。1928 年，公司增设了一条饲养猪、家禽和牛饲料的生产线。在第二次世界大战期间，公司生产罐装鸡肉产品以供美军之需。战后，公司开始销售用廉价的新型铝制品包装的冷冻鸡肉馅饼。不久，其他冷冻食品也被冠上斯坦帕的商标进行销售：肉馅饼、正餐、水果馅饼和炸鸡。当时斯坦帕冷冻食品在市场上大受欢迎。

1970 年，美国无线电公司（RCA）以 1.165 亿美元的价格收购了斯坦帕公司并更名为班奎特公司。由于经营不善，经过灾难性的 10 年后，美国无线电公司以 5 500 万美元的价格将班奎特公司的主体卖给了康尼格拉公司。

美国无线电公司是由戴维 · 萨尔诺夫（David Sarnoff）建立起

来的电子公司。当他于1966年去世时，公司里刮起了疯狂的收购风，将赫兹公司（汽车租赁）、兰登公司（印刷出版）、戴德梁行(房地产)、Coronet公司（家具和地毯）以及班奎特公司尽数收归美国无线电旗下。然而集团化并未奏效，美国无线电公司的收益急剧下降。在此期间公司上层变动频繁，洛克菲勒中心总部的官僚主义作风严重，权力斗争激烈，管理重心局限于短期利益。对像班奎特这样的公司只能谈谈财务状况，很少有其他事情可供谈论。在洛克菲勒中心几乎没有人对食品业经营有经验。

在美国无线电公司旗下期间，班奎特公司形成了多种不良习惯。员工经常是上午9点上班，下午4点半下班。公司汽车数量剧增，创业精神消失殆尽；20世纪70年代公司竟然没有推出一款新产品。冷冻食品市场虽热欣欣向荣，但班奎特公司的销售和收益却开始下降。

当康尼格拉公司收购了班奎特公司之后，班奎特的资深高管们都说："你可以一眼就看出两者的不同。"在收购后的一周内，哈珀召集这些高管开了两天会，向他们讲述康尼格拉公司的经营之道。他们对此简直难以置信："10年来我们一直都是给远在纽约未曾谋面的人写备忘录，或在季度评审会上谈论仅仅反映短期成效的数据。而现在却要坐下来谈论经营之道、长期愿景以及食品业的战略，这真令人惊讶，这种感觉真奇妙。"

几个月内，哈珀一直在寻找并最终找到了他心目中最好的美国冷冻食品业高管。他就是约翰 · 菲利普斯（John Philips），他一直在坎贝尔（Campbell）公司的斯旺森（Swanson）分部工作。当哈珀邀请他来班奎特公司时，出于对哈珀个人以及康尼格拉公司文化的极大兴趣，菲利普斯接受了邀请，并于 1981 年 1 月 6 日开始新的工作。

菲利普斯于 1958 年毕业于犹他州州立大学并获得经济学学位，之后一直在坎贝尔公司工作到 1981 年。他最开始在萨克拉门托的一家罐装食品厂工作，从事采购、工业工程、产品检验和会计工作。1964 年，他帮助公司在得克萨斯州开办新厂，并最终成为生产车间副主任。后来菲利普斯到斯旺森分部开展禽产品业务，后出任公司市场部广告经理，接下来他又开始管理内布拉斯加州的 4 家冷冻食品厂，经营培珀莉农场（Pepperidge Farm）子公司，担任公司人事部主任，最后成为斯旺森分部的总裁。

在班奎特公司，菲利普斯和他的团队实施了重建市场部、重组销售团队、提高部分产品质量、调整生产方式避免不必要库存等一系列举措。他们建立起市场研究数据库，重新制作广告并大大增加了广告预算。公司在过去 10 年没有推出新产品，他们一开始小心谨慎地尝试推出新口味，然后再介绍新产品。

他们推出的第一款全新系列产品名叫“俏皮鸡”，即五六块鸡肉裹上烧烤酱、蒜泥或黄油。这一产品迅速走红。接下来他们又马不停蹄地尝试其他想法，不久又取得了一些成功。

在很短时间内，班奎特公司便恢复了良好的经营状况。仅仅三年后，公司就赚回了当时的收购价，康尼格拉公司全新的企业文化注入班奎特公司后，公司各级均形成了更强有力的管理和领导机制（该企业文化的核心原则）。

1982 年，哈珀在奥马哈公司总部设立了总裁办公室，菲利普斯成为成员之一。然后哈柏聘请菲尔 · 弗莱彻（Phil F1etcher）接替菲利普斯的位置。弗莱彻先后在坎贝尔公司、海因茨公司和霍博莱因公司工作过，他到班奎特和康尼格拉公司后的第一反应是“我从未发现还有这样的工作环境，迈克 · 哈珀创造了一种独特的企业文化”。

弗莱彻和他的管理团队后来声名大振。他们将工作重点放在分部的市场和销售上。在弗莱彻及其继任者斯科特 · 拉恩（Scott Rahn）的领导下，班奎特公司推出了更多新产品并得到了迅速发展。1984 年和 1986 年公司又进行了一些重大收购。到了 1988 年，班奎特公司的收入达到 10 亿美元，创下公司最高纪录，比 1980 年增长了 300%。

那年秋天到圣路易斯的班奎特公司总部参观的访客，都会感受到那里的管理层中充满了令人振奋的气息。许多经理的办公室都挂着一张醒目的牌子，上面刻着：“有效领导力：一个领导者应具有愿景并坚信美梦成真，还要激励大家鼓足干劲实现愿景。”

到了 1988 年，班奎特公司已经是康尼格拉公司内部 50 家“独立经营公司”之一。每家“独立经营公司”都由一位“总裁”负责领导和管理，并鼓励其他公司也这样做。那年班奎特公司创下了总收入 100 亿美元的纪录。自第一本小册子印制以来，公司收入和市值增长超过 1 000%。昔日内布拉斯加州奥马哈的一家小公司成为世界上第八大食品公司[5]。

相当一部分人已经意识到领导力的重要性，也认识到企业中领导力稀缺，但他们不相信领导力的扩大化是切实可行的。对这些人来说，企业定向、达成联盟和激励只是极少数出类拔萃的人才能做到的。康尼格拉等公司的情况就是对此消极看法的有力否定。此类案例表明领导力发挥的作用可以远超人们所认为的规范，只要仔细挑选、培养人才并激励有方就行。许多人都能在一家企业中发挥重要的领导作用，关键在于有相应的企业文化。

尽管领导与管理在作用、过程和结构上存在一些差异，从而造成潜在冲突，但是合适的企业文化能够兼收并蓄，帮助成百上千的人创造出符合企业重要利益相关方利益的短期成效和适应变幻环境所需的长期变革。

在任何情况下，要建立一种能形成强劲领导和管理的企业文化都极为不易。在一些机构庞大、历史久远的企业中，如果尚未有正确的愿景和价值观，想建立起企业文化可能是一项极为艰巨的任务。而将企业文化制度化，从而不会因为创造者的离开导致文化瓦解，则更是难上加难[6]。做到这一点需要非凡的技巧、执着的追求和巨大的勇气。但一旦成功，回报是极为丰厚的：长期的经济效益，为员工提供职业生涯中的高品质生活，向客户提供了 10 年以上的产品和服务的整体方案，以及给社会带来的整体效益等。

危急时刻最能体现领导的作用，因为变化无常的环境中更需要卓越的领导力。许多公司在面临重大危机时，即便不是一败涂地，也可能会茫然无措。由于缺乏关于自身责任的远大愿景、员工在愿景下达成的联盟或激励员工执行这一切的能力，因此这些公司在危机的压力下要么不能正常运作，要么会采取一些最终伤人伤己的举措。而能够有效实施领导的公司就会脱颖而出，强生公司便是以管理层出众的领导力和在应对泰诺投毒惨案时的表现而闻名于世的公司。

建立一种形成强劲领导和管理的企业文化需要做哈珀和他的执行团队做过的事情（在一定程度上也可以说是亚当森、格斯特纳、卡尔森和尼科洛西等人做过的事）。首先提出这种文化所需的愿景是至关重要的；其次要树立别人所期望的明显示范作用，帮助人们理解什么是领导、领导为什么重要、领导和管理如何不同，以及如何实施正确的领导；还要向人们提供与所需文化一致的资源和热情，并对成功加以认可和奖励。总之，这些行动意味着在企业文化形成过程中发挥领导作用[7]。

领导与文化正如管理和结构（或体制）一样密切相关。建立有用的企业文化需要强有力的领导。同时只有通过一定的文化，企业才能找出富有竞争力的领导者。

我们显然需要更多人一起在主导当今世界的复杂企业中发挥领导力，我们同样迫切需要更多人努力建立培养领导力的企业文化。就某种意义来说，领导的最终目的是将以领导力为核心的企业文化制度化。

注 释

前 言

1. Kotter and Lawrence, *Mayors in Action: Five Approaches to Urban Governance*, John Wiley, 1974.
2. Kotter, *Organizational Dynamics: Diagnosis and Intervention,* Addison-Wesley, 1978.
3. Kotter, Faux, and McArthur, *Self-Assessment and Career Development* Prentice-Hall, 1978.
4. Kotter, Schlesinger, and Sathe, Organizatio*n: Text, Cases and Readings on the Management of Organization Design and Change,* Richard D. Irwin, 1979.
5. Kotter, *Power in Management* AMACOM, 1979; and *Power and Influence: Beyond Formal Authority*, Free Press, 1985.

6. Kotter, *The General Managers*, Free Press, 1982.
7. Kotter, *The Leadership Factor*, Free Press, 1988.
8. 比较性分析既需要成功的案例也需要失败的案例，我在此没有搜集负面案例的原因是先前的研究中已经界定了许多无效领导的例子。

第 1 章 管理与领导的差异

1. 大多关于领导力的文献是基于对从事监督和管理工作人员的研究，而这些人可能并没有发挥有效的领导力。请见巴斯（*Handbook of Leadership: A Survey of Theory and Research*, Free Press, 1981）及尤克尔（*Leadership in Organization*, Prentice-Hall, 1989）。
2. 这不是说管理不存在于先前的世纪，至少管理的雏形由来已久。以前的将军、国王和大祭司毫无疑问都多少懂一些管理方面的知识，但是他们所知所用的管理是原始时代的产物。和今天相比，他们当时管理的组织通常规模小且技术简单，不像今天的组织那么复杂。
3. Chandler, *The Visible Hand*, Belknap Press of Harvard University Press, 1977.
4. 这里总结的管理要素广泛见于：a.21 世纪许多管理类书籍；b.笔者在 1987 年开展的一项研究，这项研究请了 200 名执行经理描述他们所认识的人中可以称得上有效管理的行为，不论此人承担何种职责。
5. 尽管不是唯一的职能，但过去 60~70 年出版的大量管理类书籍似乎都普遍论及该职能。

6. Burns, *Leadership*, Harper & Row, 1978.
7. 利文森和罗森塔尔在完成他们对总裁的研究后得出下列结论："强有力的领导者是必要的，尤其是对于必须经历重大变革的组织来说。不是说好的管理者或执行者，而是强有力的领导者。"（*CEO: Corporate Leadership in Action*, Basic Books, 1984, p.289.）
8. 实际上界定"切实改善处境"和"损害他人权益"的内涵会很困难，这已经引起了无休止的哲学辩论。本书中领导的有效性是通过参与领导进程的人事后积累的观点来衡量的。
9. 此处所列与关于现代组织领导力的其他重要文献中的相关说法大致吻合，例如本尼斯和纳努斯所著*Leaders: The Strategies for Taking Charge*, Harper & Row, 1985，又如彼得和奥斯汀所著*A Passion for Excellence: The Leadership Difference*, Random House, 1985。但这一思考领导力的具体方式则来源于本书中的研究（请见前言）。
10. 领导和管理之间的差别在某些方面和伯恩斯（*Leadership*, Harper & Row, 1978）以及巴斯（*Leadership and Performance Beyond Expectations*, Free Press, 1985）所说的变革型领导（transformational leadership）与维持型领导（transactional leadership）的差别很相似。伯恩斯的 Leadership, Harper & Row, 1987 和扎莱兹尼克的一篇 1977 年的文章"Managers and Leaders: Are They Different", Harvard Business Review, 55,5,pp.67-87 是我所知最早研究这些差别的两篇文献。
11. For a fascinating analysis of the pure types and their potential for conflict, see Zaleznik, op. cit., pp. 67-80.
12. 有许多显而易见的案例（尽管不是极端的例子），包括约翰 · 斯卡利（John Sculley）成为总裁之前的苹果公司以及被收购前一年的美国人民捷运航空公司（People Express）。

13. 大约 200 名总经理参加了 1987 年的民意调查，或是以调查问卷的形式，或是以时长 1 小时的采访（参见附录）。他们并不会被事先告知“管理”和“领导”两个维度在定义上的不同，但在请他们根据这些维度给同行打分之前，他们会被要求详细描述他们所知同行的有效管理行为，然后对同行的有效领导行为做出同样详细的描述。
14. Further details on this survey can be found in Kotter, *The Leadership Factor*, Free Press, 1988.
15. Ibid. Chapter 6.
16. “创业型领袖”，指的是那些集中精力抓住一切商机创办企业的领导者。
17. 今天管理教育的庞大体量比 50 年前多 30 倍以上。
18. Kotter, op. cit., Chapter 3.
19. Beckhard, *Organizational Development*, Addison-Wesley, 1969.

第 2 章　领导力的商业运用：NCR 案例

1. 本章资料出自全国现金出纳机公司文献以及对下列人士的采访：吉姆 · 亚当森、比尔 · 伯德、达雷尔 · 克拉克、埃德 · 康纳尔、罗伯特 · 科科斯、库尔特 · 汉纳威、弗雷德 · 哈奇森、肯 · 凯利、格兰特 · 基尔、查利 · 洛里奇、艾伦 · 默多克、比尔 · 帕塔洛、M. Y. 乔 · 史蒂芬、约翰 · 托希以及奈杰尔 · 文森特。
2. 为配合本书研究，所进行的 12 个案例调查都包含这些主题。

3. 本书中所有 12 个深层案例研究都得出了一些相当引人注目的结论，并且，作为这次研究一部分的 200 份采访或问卷调查中讲述的关于“有效领导”的故事几乎也得出了相似的结论。

第 3 章　方向

1. 这是最简单的例子，在许多实际情形中所进行的演绎推论要复杂得多。再者，在做出一个满足所有限制因素（比如受到其他计划制约的因素）的计划之前，这个规划过程通常要经过两次或更多的重复推演。
2. 本章节所采用的“愿景”这一概念，首先是在蒂奇和本尼斯的领导力研究中提出来的。参阅 Tichy and Devanna (*The Transformational Leader*, Wiley, 1986) and Bennis and Nanus (*Leaders: The Strategies for Taking Charge*, Harper & Row, 1985)。
3. 帕斯卡尔（Pascale）和阿索斯（Athos）将愿景称为“高级目标”，并认为这些目标应当：（1）有意义（值得追求）；（2）有持续性（长期的）；（3）有可行性（能够实现的）。参阅他们在《日本管理艺术》（1981）中的讨论。
4. 哈维–琼斯担任董事长时，ICI 的年复利率上升到近 40%。

第 4 章　联盟

1. 1987 年在自动工程师协会所做的演讲。
2. 领导通过达成联盟和激励他人（第 5 章会介绍）的方式赋予他人权力。

第5章 激励

1. “内稳态”这一术语原为另一目的而发明，希望用在这里不致冒犯该术语的创造者。见 *Wisdom of the Body* (rev. ed.), Norton, 1939。
2. Hackman and Oldman ("Motivation Through the Design of Work: Test of a Theory," *Organizational Behavior and Human Performance, 16,* 1976; and *Work Redesign*, Addison-Wesley, 1980), and Aldaq and Brief (*Task Design and Employee Motivation*, Scott, Foresman, 1979).
3. “鼓舞”一词在这里指理念形式上的“激励”。
4. 有关玛丽 · 凯的资料出自 1981 年为哈佛商学院案例所做的一些采访以及公共资源材料。
5. 这些美容顾问和销售总监不是玛丽 · 凯的员工，而是独立的商业代理人。
6. 1985 年新闻界对此做过报道，1989 年本书完成时这一切依然可信。
7. 第一家沃尔玛门店于 1962 年开张。
8. 肯德基的相关信息来源：公司文件，以及与Phil Bouckaert, Don Doyle, Ed Dudley, Bill Evans, Roger Kramer, Ottie Ladd, Dick Mayer, Shelby Massey, Gregg Reynold, Dr. G. V. Rao, Harry Sunenshine的访谈。
9. 迈克 · 迈尔斯于 1982 年离开肯德基。1989 年作为克拉夫特通用食品公司的总裁，他再次说服迪克 · 迈耶与他合作，之后迪克成为通用食品公司的总裁。

第6章 多重角色

1. See the recent discussion and examples by Barnes and Kriger, Hidden

Side of Organizational Leadership," Sloan Management Review, Fall 1986, pp. 15-25.

2. Information regarding ARCO comes from company documents plus interviews with Ron Arnault, George Babikian, Lod Cook, Jim Morrison, Don Murray, Scott Stamworth, and Bob Wycoff.
3. November 7, 1988.
4. Forbes, Mfarch 21, 1988.
5. Ibid.
6. 大西洋里奇菲尔德公司的净资产收益率为 25.9%，居第二位的埃克森公司净资产收益率为 16.8%（据《商业周刊》报道）。
7. 在本书撰写的时候，安德森已经复出，经营一家小公司。
8. 这些数据取决于其差异是否通过收入、资产或涉及的人数来衡量。
9. Kotter, *The Leadership Factor*, Free Press, 1988.
10. 87 环球展的相关信息来源：公司内部文件以及与Kerry Bensman, Carmen Coletta, Dallas Kirk, Janet Shipman, Elizabeth Strong, Barbara Wood, Craig Zamzow的访谈。

第 7 章　复杂商业环境的协同：宝洁公司案例

1. For a broader discussion of all this, see Kotter, Schlesinger, and Sathe (Organization, Richard D. Irwin, 1979) and Galbraith (Organization Design,Addison-Wesley, 1977).
2. Ibid.
3. Eccles and Crane, *Doing Deals*, Harvard Business School Press, 1988.

4. Information on P&G comes from company documents, plus interviews with nine P&G managers who were centrally involved in the effort described here.
5. Wall St. Journal, August 9, 1989, p. 1, second section.
6. 应宝洁公司的要求，除尼科洛西以外的名字均为化名。

第 8 章　遗传因素与童年经历

1. Kotter, *The General Managers*, Free Press, 1982.
2. Mintzberg (The Nature of Managerial Work, Harper & Row, 1973; and view, July-August, 1975) and Stewart (Managers and Their Jobs, Macmillan, 1967; Contrasts in Management, McGraw-Hill UK, 1976; and Choices for the Manager：A Guide to Understanding Managerial Work, Prentice-Hall, 1982).
3. Kotter, op. cit., Chapter 2.
4. Psychologist David McClelland has called this "power and achievement motivation" and has argued, successfully, that it is commonly found among successful executives. See McClelland (Power：The Inner Experience, Irvington, 1975) and McClelland and Boyatzis ("Leadership Motive Pattern and Long-term Success in Management," Journal of Applied Psychology, 67, 1982).
5. Iacocca, *Iacocca：An Autobiography*, Bantam Books, 1984.
6. See Boyatzis' discussion of cognitive skills in The Competent Manager, Wiley, 1982.

7. Hogan, Raskin, and Fazzini, "The Dark Side of Charisma," Working Paper, Tulsa Institute of Behavioral Sciences, 1989.
8. Boyatzis, op. cit.
9. 假设 1/10 的人有内驱力，1/3 的人有才智，1/2 的人拥有健康的心理，1/2 的人很正直，假设这些因素相对独立（也许事实并非如此），那么 1/120 的人可能拥有上述 4 个特质（$1/10 \times 1/3 \times 1/2 \times 1/2 = 1/120$）。
10. Kotter, *The Leadership Factor*, Free Press, 1988, Chapter 7.
11. 在一些顶尖日企中，我们可以发现一个有趣的例外。他们在雇用初级职员时，并不强调技术资历，而更注重一些更普遍的特质，例如智商与人际交往能力。

第 9 章　职业经历

1. 如 FcCall, Lombardo, and Morrison, *The Lessons of Experience*, Lexington Books, 1988; and Kotter, *The General Managers*, Free Press, 1982.
2. Harvey-Jones, *Making It Happen*：*Reflections on Leadership*, Collins, 1988, p. 61.
3. McCall, Lombardo, and Morrison, op. cit.
4. Ash, *Mary Kay on People Management*, Warner Books, 1984, pp. 4-5.
5. See my discussion of how career experiences empower, Kotter, *Power and Influence*, Free Press, 1985, Chapter 7.
6. 有关恩里科的资料来自对他本人以及对他在百事可乐公司的几位同事的采访。
7. For a broad discussion of these issues and a presentation of the evidence

supporting this conclusion, see Kotter, *The Leadership Factor*, Part II.

8. Ibid., Chapter 7.

第10章 企业文化

1. 1988年我和哈佛教授詹姆斯·赫斯克特（James Heskett）做过一次调查，这些公司被同行业的其他高管们一致认定拥有强企业文化。
2. Kotter, op. cit., pp. 98-99.
3. 有关康尼格拉公司的资料出自公司文献以及对鲍勃·多尔蒂，保罗·格雷文、迈克·哈珀、吉姆·肯尼迪、安迪·兰格特、巴德·莫里森、吉尔伯特·马尔赫、戴维·彼得森、斯科特·拉恩、唐·拉希、杰里·弗农和鲍勃·怀特的采访。
4. 詹姆斯·赫斯克特教授和我对食品行业的60多名高管做了一次简短的问卷调查。大约一半的人回应。
5. 就1987年的企业收入来看，菲利普·莫里斯/卡夫公司、联合利华（Unilever）、雀巢咖啡、宝洁公司、雷诺兹-纳贝斯克公司（RJRNabisco）、英美烟草公司（B.A.T. Industries）、百事可乐公司和莎莉集团（Sara Lee）的收益更好。
6. 在写作本书时，尽管康尼格拉公司的企业文化极为成功并具有很大影响力，但我们并不清楚该企业文化制度化进行得如何，也不知道在没有迈克·哈珀的情况下，该文化是否能独立存在，这只有等到他退休以后才知道。前面几章谈到的由其他人发展起来的企业文化也面临着同样的问题，至少在某种程度上如此。
7. Schein, *Organizational Culture and Leadership*, Jossey-Bass, 1985.

附　录

相关研究情况

当促成我上一本书《现代企业的领导艺术》的研究进展近半时，我越发相信管理和领导之间的差异极为重要，但人们对此所知甚少。为了顺着这一思路做些更深入的探索，我设计了一个包含两部分的研究（见表 1），并最终写就此书。

在此研究的第一阶段，我设计了表 2 的问卷，对来自 12 家非常成功的美国公司的一共 200 名高管和商业人士进行了调查。在约 1/3 的案例中，问卷调查是以长达一小时的采访形式展开的。在其余案例中，调查问卷则以邮寄形式送到受访者处，由他们独立填写。

此研究的第二阶段首先需要找出一些体现“商业中高效领导”的案例（表 3 为征求信），然后我主要通过采访（见表 4）将这些案例整理成材料。

表 1 研究过程

1.研究方案的初步设计 1986 年 6 月—8 月
2.制作调查问卷 1986 年 8 月—11 月
3.请到 200 名高管参与问卷调查 1986 年 10 月—1987 年 5 月
4.收集管理调查问卷 1987 年 1 月—6 月
5.分析调查问卷上的数据 1987 年 5 月—12 月
6.找出“有效领导”的案例并获得有关人员的合作 1987 年 6 月—1988 年 9 月
7.采访人物，记录故事 1987 年 8 月—1988 年 10 月
8.分析案例，撰写成文 1988 年 6 月—1988 年 12 月
9.整理手稿 1988 年 9 月—1989 年 10 月

表 2 调查问卷

1.请在下面任意列出与您共事的 10 个人的姓名首字母缩写，可按如下方式进行：在您的老板、同事、下属或公司外面有工作联系的人中，找出姓氏首字母与您的姓氏首字母相同的人，并将其姓名的首字母缩写列入下表，然后按字母表顺序进入下一个字母，以此类推，直到得到十组姓名的首字母缩写。（例如，Kotter，最近与 Fred Kolb，Joe Kennedy，John Lintman，Jim Leahey，Jeff Lynn，Paul Lawrence，Jay Lorsch，John Mcarthcr，Warren McFarlan，Fred Mallot 等人共事，他可在下面的空格中填如下的姓名首字母缩写：FK，JK，JLi，JLeh，JLy PL，JLo，JM，WM，FM）。

(1)	(2)	(3)	(4)	(5)	(6)	(7)	(8)	(9)	(10)

2.请评价这 10 个人中每个人在对他们周围的人和事的管理方面发挥了多大作用：6=极强，5=强，4=一般，3 =弱，2 =极弱，1=无。

第一位	第二位	第三位	第四位	第五位	第六位	第七位	第八位	第九位	第十位

（续表）

3. 请评价这 10 个人中的每个人在对他们周围的人和事的领导方面发挥了多大作用：6=极强，5=强，4=一般，3 =弱，2 =极弱，1=无。									
第一位	第二位	第三位	第四位	第五位	第六位	第七位	第八位	第九位	第十位

4. 想想您本人认识的（不一定局限于以上列出的 10 个人）在管理周围的人和事方面卓有成效、表现出众的人，请尽可能详细准确地描述出能够体现他或她高效管理的行为。	
他或她	
他或她	
他或她	
他或她	
他或她	
他或她	
他或她	
他或她	
他或她	
他或她	
5. 想想您本人认识的（不一定局限于以上列出的 10 个人）在领导周围的人和事方面卓有成效、表现出众的人，请尽可能详细准确地描述出能够体现他或她高效领导的行为。	

（续表）

他或她	
他或她	
他或她	
他或她	
他或她	
他或她	
他或她	
他或她	
他或她	
他或她	
6. 现在请看下表，想想贵司所有管理人员的情况。 领导 强 弱 4 3 2 1 管理 强 弱 4 3 2 1 为了让贵司在接下来的10年中继续收获成功，上图四个象限中的每个象限是否都有合适数量的员工？或者有些象限人数太少，有些太多？	
象限1：	适量 过少 过多？
象限2：	适量 过少 过多？

（续表）

象限 3：	适量	过少	过多？
象限 4：	适量	过少	过多？

表 3　征求信

亲爱的_______ ： 目前我正在从事有关管理行为的研究，正在寻找体现卓越领导力的典型案例。案例的主角可以是首席执行官，也可以是工长，涉及人数可多可少，时间范围可长可短。重要之处在于有关各方都应一致同意案例中体现的中心要素称得上“高效领导力”。 如您想到某一案例属于此范畴，并愿意协助我采访有关人员，将案例记录成文，本人将感激不尽。 电话号码：（617）495–6529 通信地址：马萨诸塞州波士顿哈佛商学院，MA02163 感谢您考虑我的请求，盼复！ 顺致颂安！ 约翰 · P. 科特

表 4　领导力案例采访提要

1.（采访对象的背景）首先，您可否稍做自我介绍？您在公司供职多久？（由此了解受访者的职业生涯概况。）
2. 能否告诉我有关（此为需记录成文的故事）情况？您不妨从头谈起，然后再谈谈事件的主要经过。（由此了解尽量多的细节情况，如人物、事件、时间、方式、原因等。）

（续表）

3.（如其他采访中出现不清楚或矛盾的信息，可在此提出具体问题以期得到明确回答。）
4. 该事件的结果对公司来说有多重要？您的理由是什么？（由此既可了解具体结果，又可找出受访者认为此事件重要或不重要的原因。）
5. 在这一案例中“有效领导力”发挥了多大作用？如果受访者觉得“有效领导力”在案例中发挥了核心作用，可提出以下问题：谁帮助发挥了“有效领导力”？确切地说他们的行为中是什么使领导力有效？
6. 如果主要是少数人发挥了领导力，可问明其中每个人的情况如何，为什么他们能够提供“有效领导力”？